AF452462

LA MUSIQUE DES YEUX

ET

L'OPTIQUE THÉATRAL,

OPUSCULES

TIRÉS D'UN PLUS GRAND OUVRAGE ANGLAIS,

SUR LE SENS COMMUN.

Par P. G. GONZAGUE.

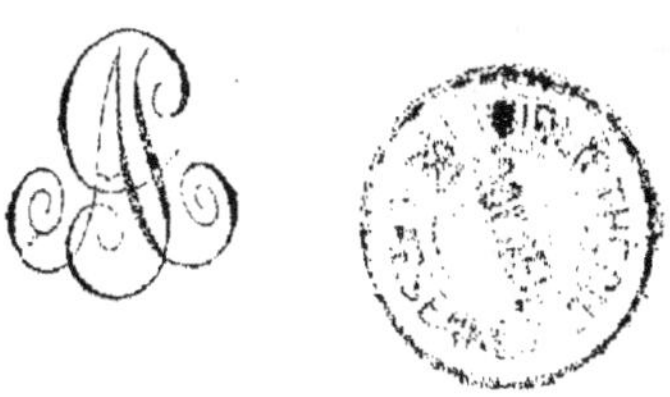

St.-PÉTERSBOURG,

CHEZ A. PLUCHART, IMPRIMEUR DU DÉPARTEMENT

DES AFFAIRES ÉTRANGÈRES.

1807.

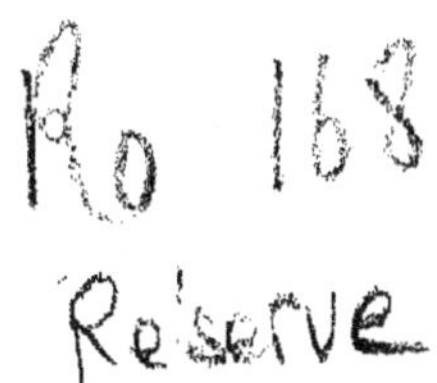

AVERTISSEMENT

DU

TRADUCTEUR.

CET écrit m'a frappé d'abord par la singularité des idées qu'il contient, et m'a déterminé à en faire la traduction pour m'amuser à la campagne et pour régaler mes amis de quelques propos de table. Voici les motifs qui m'ont fait prendre la plume.

Mais si c'est un risque d'aller contre la mode et l'opinion dominante, j'aurais pris fort mal mon temps pour répandre cet opuscule ; aujourd'hui que nos beaux-esprits ne comptent, il me semble,

*** ***

que sur leurs oreilles, et qu'il est du bon ton d'avoir l'ouïe délicate et la vue débile.

On tire presque vanité du besoin de paraître avec des lunettes au nez, et on serait au désespoir d'être obligé de se présenter un cornet accoustique à l'oreille. On se pavane de plaisirs auditifs, et on est nonchalant et sans prétention pour les plaisirs de la vue. Aujourd'hui les plaisirs accoustiques sont si accrédités et si en vogue, que nos gens à bonne société seraient honteux de n'en être pas affectés, et une personne sans enthousiasme pour la musique, passe communément pour être mal organisée, grossière et stupide. Ainsi la crainte d'être considérés comme des êtres imparfaits et sans gentillesses, porte nos gens à la mode à faire tout leur possible pour être musiciens et pour acquérir des connaissances et du goût pour la musique.

Mais, si jamais par disgrâce, la nature ou les circonstances de l'éducation leur ont refusé ces qualités musicales, ils veulent au moins persuader d'en être susceptibles, et parmi le grand monde, il y a plus d'hypocrisie en fait de musique peut-

(v)

être , qu'en fait de vertu et d'honneur. On assiste au concert en pleine distraction, on s'y ennuïe, on baille. etc. etc. ; mais on sort toujours , en assurant de s'y être extasié aux morceaux les plus accrédités.

Le beau monde donc , hardi , léger, enthousiaste, sera certainement surpris qu'il y ait, de nos jours , un partisan déclaré pour les plaisirs de la vue , et qu'il ose les mettre en comparaison avec les plaisirs des oreilles. Les écrivains et les bavards ne s'intéressent pas à la vue , les sages et les économes regardent ordinairement les plaisirs des yeux comme des vanités qui portent au vice , au luxe ; et les savans trouveront peut-être ridicule , qu'après les tentatives du célèbre *Père Castel* , on ose encore parler de musique visible.

Tout le monde ne sera pas au fait peut-être , que ce fameux Père était un très-savant mathématicien , et qu'il était d'avis qu'en pratiquant un espèce de clavecin , dans lequel, au lieu de sons, aurait paru successivement, une échelle de couleurs nuancées , à la *tierce* , à l'*octave* , etc. etc.;

selon les intervalles du système sonore, on pourrait faire de la musique pour les yeux. La chose n'a pas réussi, et ce savant homme se serait effectivement rendu ridicule, s'il n'avait déjà une réputation assez bien établie par des autres productions savantes.

Bien loin de vouloir créer de la musique nouvelle, il s'agit seulement dans ce petit ouvrage de faire des observations sur la pratique très-ordinaire et commune des *visions artificielles*, ou apparences ; sur leur caractère musical et significatif, ainsi que sur leur ascendant sentimental, mal connu aujourd'hui, à cause qu'on n'y fait plus attention.

AVANT-PROPOS

DE L'AUTEUR.

LES hommes qui peuvent soustraire leur sensibilité à l'action des objets extérieurs, n'entrent pas dans mon plan. Ces êtres sévères, sourcilleux, qui ont altéré leur constitution naturelle à force d'abstraction et de subtilisations mentales, sont d'une sphère qui m'est totalement inconnue, et je ne pretends pas m'élever à leur hauteur. C'est aux humains gentils, délicats, qui aiment à jouir de toutes leurs facultés que je m'adresse, et j'espère que leur aimable modération voudra bien excuser mes bagatelles et les sauver des plaisanteries de nos Aristarques. Qui sait ! Peut-être la sagesse consiste d'avantage à se conformer à notre faiblesse, à se former un soulagement de l'illusion même et de la vanité, qu'à se piquer toujours d'austérité, de privation et de réserve.

INTRODUCTION.

Ce mot *musique* exprimait autrefois plus qu'il ne dit à présent. Peut-être les anciens entendaient par musique, l'ordre artificiel, et la liaison de rapports successifs constituant une force d'induction qui entraîne à un but. L'ordre qu'on mettait au discours pour le rendre frappant, agréable et persuasif, était déjà de la musique. Le même discours prononcé par une belle voix, frappait de loin par préférence à une voix mal-sonnante, et attirait naturellement l'attention des passans, ce qui étant facilement remarqué, apprit aux hommes, dès le commencement à employer les meilleures voix pour annoncer les avis au public.

De cette découverte on est passé à étudier les tons et les accens les plus agréables, peu après les plus convenables et après peu de temps encore les lus expressifs. Ainsi peu-à-peu on a créé l'art de chanter qui est si agréable et si touchant, et dont l'appas devait être bien puissant dans ces premiers temps, pour des peuples simples, légers et délicats.

Voyant donc que ce rafinement faisait un bon effet et qu'en chantant on était plus volontiers et plus facilement écouté, les sages s'avisèrent de chanter pour attirer la multitude et la gagner ; leur disant : *Écoutez mes enfans, je veux vous amuser.* Au lieu que, si on leur avait dit, *arrêtez-vous, je veux vous instruire,* on se serait moqué de leurs offres, et de leurs soucis.

C'est ainsi qu'Amphion pinçant sa lyre, chantait aux Thébains, *que s'ils n'entouraient pas promptement leurs villages de bonnes murailles, les ennemis viendraient s'emparer de leurs biens et de leurs femmes.* Rien certainement de plus stimulant que cet accord pour remuer des pierres et faire des murailles, et voilà en effet une musique bien puissante !

(3)

La lyre cependant pouvait bien être l'appas, le tocsin et l'aiguillon continuel qui stimulait la multitude, et la soutenait au travail ; mais sans enthousiasme poétique, sans exagération et sensément parlant, ce ne fut que l'éloquence des mots qui les détermina et les persuada.

Même aujourd'hui, une pareille musique en pareilles circonstances opérerait les mêmes effets : moi-même, je vis en Italie (*) un peuple entier, hommes et femmes, animés par les sermons de leur éloquent curé, courir au travail avec une ardeur qui tenait de l'enthousiasme, abattre une vieille église, et apporter les matériaux pour en bâtir une nouvelle au son des cloches. On n'aurait

---

(*) En 1776 à Cassano, jolie bourgade, à deux postes de Milan, très-célèbre par sa belle situation, par ses belles maisons de campagnes et par la bataille que le prince Eugène gagna sur les Français au seizième siècle, tout près de Trezzo, où dernièrement le maréchal, prince Souwaroff, battit les Républicains et passa l'Adda.

★

certainement pas osé cesser le travail tant que les cloches carrillonnaient, et on dit encore aujourd'hui aux voyageurs que cette église a été bâtie à force de sons de cloches, sans compter pour rien la force des sermons.

La musique des anciens était probablement un composé de mots signifians, sonores, cadencés, bien prononcés, et débités avec un ordre engageant et clair, accompagnés par les inflexions d'une belle voix et secondée ordinairement par les sons de quelque instrument qui ne les couvrait pas de son fracas ; mais qui fortifiait l'effet de ses accens et du rythme. On voit bien qu'il y avait en ceci de la philosophie, de l'éloquence, et de la mélodie qui opéraient de concert et formaient alors un seul art. C'est enfin de la bonne et belle poésie chantée à propos dans des occasions favorables, et par des hommes fort adroits qui a opérée les grands effets qu'on raconte.

Aujourd'hui la musique proprement dite, s'est érigée en art indépendant, elle brave et dédaigne les secours des autres arts, auxquels elle n'était auparavant jointe que comme subsidiaire. C'est dans cet état, et sous ce point de vue qu'on veut la considérer dans cet écrit qu'on a l'honneur de présenter à ceux qui ont du temps à perdre.

Cependant la musique des sons, isolée et sans aucun secours étranger, a de quoi plaire et briller de son propre fond et assez de moyens pour s'emparer de toute notre attention; même à cause de notre constitution naturelle, elle a de grands avantages sur la musique visible des apparences pour nous surprendre et nous gagner. Ce qu'il est bon de remarquer avant toute autre exposition.

De nos cinq sens celui de l'ouïe est évidemment le moins favorisé de plaisirs naturels. L'homme voluptueux dans l'état de simple nature, n'aurait par la voie des oreilles, d'autre agrément que le chant des oiseaux, qui n'est pas grand chose, et la voix humaine, qui n'est pas elle-même toujours agréable. Tout le reste ne serait, pour les oreilles, que silence ou bruit. Les instrumens, le chant, le langage même, ne sont que l'ouvrage ingénieux de l'homme, et c'est par l'art seulement que nous avons des sons et des combinaisons agréables pour le sentiment de l'ouïe. Enfin, l'art de la musique est presque tout ce que nous avons de beau pour les oreilles.

La vue tout au contraire est la plus riche en plaisirs naturels, et même en merveilles, ce qui met une grande différence entre l'art qui doit contenter les yeux et l'art qui doit contenter les oreilles.

Il est donc tout naturel d'en sentir l'obligation et d'avoir un grand attachement pour l'art qui nous corrige presqu'un défaut de nature, et qui nous procure des plaisirs qu'on ne saurait espérer par le simple ordre naturel des choses ; et si on a tant aimé, et si l'on aime encore aujourd'hui passionnément la musique, c'est ce qui devait arriver et ce qui n'est pas du tout surprenant.

Mais l'on a bien de quoi s'étonner en considérant que malgré tant de beautés et de variations merveilleuses que la nature étale aux yeux continuellement, il y ait encore du beau artificiel à pouvoir intéresser la vue, et que l'homme puisse avoir du goût pour les visions de l'art, parmi tant de richesses et de beautés naturelles.

Ceci fait bien l'éloge de l'industrie humaine, car il n'est pas rare de voir que les productions visibles de l'art l'emportent sur les productions visibles de la nature et gagnent notre attention par préférence.

L'art des sons a encore un autre grand avantage sur l'art des visions, et c'est : que le beau sonore auditif n'est pas durable et passe vite, nous laissant toujours dans le désir. Cela fait que la satiété se rend plus difficile que dans le beau visible qui est d'ordinaire permanent, toujours exposé à notre sensibilité passive et à la froide réflexion. D'ailleurs on n'est pas toujours le maître d'entendre du beau, comme au contraire on est toujours obligé de fixer ses regards sur des merveilles. Enfin, ce n'est que de temps en temps et presque toujours à force d'art qu'on jouit quelques instans du beau auditif, et l'on aurait bien de la peine à vouloir éviter la présence du beau visible qu'on rencontre par-tout.

L'art du beau visible doit-être donc plus difficile à réussir à cause du beau naturel qui abonde, et se met en émulation ; et d'ailleurs il doit nous blaser, et nous ennuyer plus facilement, à cause de sa permanence qui nous le tient toujours en bute aux sens et à la réflexion.

Cependant quoique j'eusse toujours dans l'esprit que les apparences méritaient notre attention, je n'aurais pas entrepris à démêler mes idées, et écrire sur ce sujet, s'il ne m'eut arrivé une de ces rencontres stimulantes qui ne sont pas rares dans la société, et qui a donné justement occasion à cet ouvrage. Suivant un certain penchant naturel, et sans beaucoup réfléchir à ce que je disais, j'avais pris l'habitude de nommer *musique des yeux*, les ornemens visibles en général, et particulièrement je me plaisais à nommer la figure des personnes bien coiffées, des physionomies en musique ; musiciens-physionomistes les perruquiers, et même clavecin-oculaire la toilette.

Ainsi voyant une femme bien habillée , je disais ouvertement qu'elle s'était bien mise en musique. On m'a passé cela beaucoup de fois, ou sans **y** faire attention , ou sans y mettre d'importance ; mais il m'est enfin arrivé d'avoir choqué l'opinion de quelqu'un , et il me fallut alors rendre compte de ce que j'entendais dire par *musique des yeux.*

J'eus en conséquence des disputes , on dit beaucoup de sottises de part et d'autres ; mais en causant , et en réfléchissant sur ce que j'étais forcé de développer , j'ai dû faire quelquefois de très-sérieuses réflexions et des examens très-profonds pour me tirer d'affaire dans les attaques des partisans des oreilles. Le brouillard s'est donc dissipé insensiblement et j'ai trouvé qu'en badinant j'avais dit des vérités , que je saurais les mettre au jour , et qu'on pourrait même les soutenir.

Je ne m'engage cependant qu'à mettre sous les yeux de ceux qui s'amusent quelquefois à lire des bagatelles , une liste d'observations et des réflexions que j'ai faite sur l'efficacité et sur l'ascendant des

visions artificielles ; et si je ne parviens pas à persuader mon lecteur que cette translation de nom
musique est bien appliquée , peut-être qu'au bout
du compte il conviendra avec moi qu'il faut au
moins savoir priser les apparences.

LA MUSIQUE DES YEUX.

C'EST absolument envisager la musique par son côté faible que de prendre en considération par préférence ses qualités représentatives, et c'est ce me semble la compromettre que de vouloir l'ériger en art d'imitation ; elle paraît souvent imiter, il est vrai, et quelquefois elle imite effectivement ; mais à la bien considérer, c'est justement quand elle imite avec plus d'exactitude qu'elle est moins mélodieuse, moins belle, et son chant nous intéresse bien plus que ses imitations.

Oserions-nous appeler arts d'imitations l'art du confiturier et l'art de faire la cuisine, à cause qu'il donnent souvent aux confitures la forme de châteaux et à la viande le goût des champignons ? Quoique ce rafinement nous plaise, c'est toujours l'assaisonnement qui en fait tout le fond et nous intéresse d'avantage ; et nous dirons toujours que ce ne sont que des arts à combiner des saveurs (*).

La définition primitive et la plus générale de la musique , ainsi que la plus juste , c'est l'*art d'embellir ce qu'on entend*. Pourquoi ne pourrait-on pas dire que l'art d'embellir ce qu'on voit est *la musique des yeux*.

Les premiers poëtes qui véritablement ont été les premiers orateurs , et les premiers prédicateurs , pour se faire écouter volontiers ont chanté leurs harangues et leurs sermons. Les premiers ambitieux et les premiers amans pour se faire remarquer se sont parés d'ornemens. Voici le principe commun de ces deux musiques ; c'est-à-dire : parer son discours et parer sa personne pour plaire , ou pour en imposer. Toute la différence consiste , en ce que la première suppose un peu plus de rafinement dans l'homme , et que la seconde est plus naïve et plus naturelle.

(*) Ce paragraphe est exactement conforme à l'original.

Note du traducteur.

Le premier soin de la bergère des premiers temps aura été certainement d'attirer son amant par sa parure. Elle aura eu recours aux fleurs des champs pour se parer la tête et la gorge, et je me la représente assise au bord d'un ruisseau, consultant dans les eaux l'accord de ses bouquets avec sa figure avant que d'éclater en accens mélodieux pour attendrir son berger.

Et les amans d'aujourd'hui, que font-ils dans les grandes passions ? ils sont muets, nonchalans ; mais ils n'oublient jamais la toillette quand ils doivent se présenter à leurs belles. Nos galans petits-maîtres aussi pour dresser leurs batteries ne s'avisent jamais d'autre chose, que de consulter leurs perruquiers, leurs tailleurs, leurs marchands de modes, et tout au plus leurs maîtres de danse.

La musique reprend ses droits seulement à l'occasion de remplir le vide d'un calme ennuyeux, ou d'un triste abandon. Les amans hardis, entreprenans, heureux, sont toujours fort peu musiciens, ou ne chantent, en passant, que leurs victoires. Les petits-maîtres et les coquettes parlent beaucoup de musique, et en donnent souvent par ton ; mais ils ne s'occupent sérieusement que de la toilette et de la mode.

L'ascendant prodigieux que la mode exerce sur les tendres cerveaux, tient de l'extravagance ! Tout plie sous sa loi, tout devient insupportable à la vue, sans la forme que la mode prescrit, et même, les plus sages sacrifient souvent, commodités, convenances et richesses au goût de mode. Je vois en effet des personnes graves et de la plus grande réputation de sagesse, quitter bien légèrement leurs boîtes à tabac, leurs bagues, leurs habits et leurs meubles, changer leurs appartemens, leurs jardins qui n'ont aucunement démérités pour le seul plaisir de les avoir à la mode.

Pourquoi une bâtisse qui dure plus de vingt-cinq ans, ne se finit-elle plus, ou se finit d'une autre manière ? C'est que le goût change, et que l'empire de la mode subsiste et commande.

Mais qu'est-ce que la mode qui exerce un empire si puissant sur les esprits délicats ? c'est toujours une union recherchée de formes et de couleurs concertées ensemble et mises d'accord, suivant les rapports de l'optique au sentiment. Ou si vous voulez, c'est l'*art de procurer de nouvelles combinaisons intéressantes aux objets visibles.* Voici la musique des yeux; laquelle prend le nom de *mode*, de *bon goût* et d'*art*, selon que le caprice, l'esprit, ou la sagesse la guide; selon qu'on opère à tâton ou par principes, et selon qu'on l'applique à des bagatelles, ou à des choses d'importance.

Mais qu'on y devine à tâton ou qu'on y parvienne par la voie des règles et des préceptes, les heureuses combinaisons nouvelles des objets visibles nous frappent toujours vivement et nous engagent à les apprécier par un espèce de consentement forcé, qui nous commande et nous gagne. Ceci doit bien avoir sa raison dans l'ordre naturel des choses.

Les physiologistes (*) regardent le sentiment de la vue comme le plus spirituel; et la lumière qui est le véhicule de la vision comme la matière, qui a le plus d'affinité avec l'esprit. C'est une espèce hermaphrodite, quelqu'un a dit (**) entre l'esprit et la matière.

____

(*) Mr. Lecat a écrit sur cette matière avec une clarté admirable.

(**) Madame Duchâtelet.

L'air sonore tient plus au gros de notre phy-
sique et a plus de gradation à franchir, pour pé-
nétrer au sentiment; et ses opérations tumultueuses
et fugitives sont naturellement confuses. C'est l'art
et l'étude qui en démêle les tons et les rapports
harmoniques. La lumière est plus dégagée d'en-
traves, et glisse à l'âme presque sans intermédiaire. Les impulsions décises et continues de la
lumière insistent et pressent, l'air sonore touche
et passe.

La lumière est à l'âme ce que la noblesse est à la
monarchie, elle pénètre au cabinet siéd et informe
son souverain sans bruit. L'air sonore peut-être
regardé comme le peuple de l'âme, qui n'agit, et
ne représente que tumultueusement; et le tumulte
est presque toujours un vain bruit. L'une opère par
assaut, l'autre par induction, et comme on doit
prendre garde à la séduction, les attaques de la
lumière sont beaucoup plus à craindre et à
ménager.

Une députation bruyante qui réclame hautement
des titres et des droits, fait retentir de son élo-

quence les antichambres et finit par ne rien obtenir.
Un exposant familier et assidu manque rarement
son but. Des faits historiques nous éclairciront
davantage sur l'efficacité des visions artificielles et
sur leurs effets plus communs ; commençons en
donner la liste.

J'avancerai pour première preuve du pouvoir
de ces *concerts visibles*, ou de cette *musique*, le
grand cas qu'on en fait et l'importance soigneuse
que le beau sexe y met. La sagacité des femmes
surpasse certainement celle des hommes, en fait
de finesse de sentiment et elles y sont plus particulièrement intéressées ; car très-souvent, elles doivent leur sort aux charmes qu'elles inspirent, et
elles ne s'en occuperaient pas avec tant d'empressement, si elles n'en eussent expérimenté l'efficacité
de leurs effets.

Il ne faut pas, à la vérité, beaucoup d'étude,
ni de grands raisonnemens pour s'apercevoir que le
beau attire puissamment, que le goût et l'élégance
ajoutent à la beauté, et que la nouveauté excite la
curiosité et maintient l'intérêt. A la longue, on se
lasse de tout, même du plus beau, et si les objets

qu'on possède ne sont pas variables, ils finissent par ennuyer.

Celui qui imagina de représenter les Grâces dansantes, qui, en conséquence, doivent à tout moment changer d'attitude, a eu raison ; car quoiqu'on en dise, la composition de ces deux ingrédiens, c'est-à-dire : *Variété et élégance* nous prépare un phyltre fort opératif contre l'ennui et le dégoût.

D'ailleurs toute inclination et tout engagement commence par attirer l'attention, on est naturellement porté à observer et à fixer ses regards sur tout ce qui se présente d'un air nouveau, d'une manière piquante ou avec de l'éclat, et même à tout ce qui tient à la singularité et à l'extravagance; et on sent bien que quand on on a gagné l'attention, on est bien avancé en fait de sentiment; les voies en sont ouvertes alors, et on peut très-aisément y glisser des significations et des instigations intéressantes propres à surprendre l'esprit, émouvoir le cœur, et passer à l'âme.

Les femmes certainement ont bien raison de ménager les apparences, et de passer du frappant au pathétique par la voie des yeux; car c'est la voie la plus courte et le moyen le plus expéditif pour réussir. Les plus grandes passions en amour ont commencé par un regard, et entretenues par des visions, souvent même par des visions qui ne sont qu'illusoires. L'art des apparences doit donc avoir un pouvoir bien attrayant, bien marqué, et décidément senti, qui opère par sa propre force, et qui se recommande par les avantages qu'il promet.

Or, c'est aux amans, amateurs vétérans voluptueux auxquels les occasions ont été plus fréquentes que j'en appelle, et s'ils veulent bien passer en revue les vicissitudes de leurs amours, ils trouveront d'avoir été presque toujours le jouet des visions, et que tout a commencé par la vue. Si vous vous en souvenez bien, ce furent les traits de la physionomie, de la figure, les attitudes, les mouvemens de la personne qui vous frappèrent d'abord, qui vous déterminèrent, et ce fut continuellement la grâce, le goût, l'élégance et surtout l'esprit fécond en variation qui en a entretenu et rallumé la flamme.

Vous vous rappellez toujours les surprises agréables de certains habillemens favorables à l'occasion de certains accords de couleurs , de certains deshabillés pathétiques , et de certains ornemens signifians qui vous ont parlé à l'imagination , aiguillonné le sentiment, augmenté le charme et par là reserré vos chaînes ; et lors même que cette personne vous aura parlé de sa passion , c'est encore l'attitude , la composition de sa physionomie, le changement de couleurs et les regards dont elle aura accompagné ses propos , qui vous en auront dit bien davantage.

Par malheur , en observant , j'eus occasion d'examiner les allures d'une femme , plus avantageuse à la vérité que belle ; mais qui se rendait fort redoutable par son talent en artifices. Avec de la sensibilité , de l'esprit et une forte dose de vanité, elle ne négligeait rien de ce qui pouvait lui attirer des adorateurs et des applaudissemens. Tous les arts agréables furent mis à contribution , et l'on s'attend bien que la musique en aura été un des premiers.

Elle chantait en effet , et jouait plusieurs instrumens assez bien pour se faire admirer , et pour s'attirer de la complaisance ; mais c'est dans la musique des yeux qu'elle excellait davantage , et en possédait tous les raffinemens. De son temps les ballets pantomimes étaient fort à la mode au théâtre , et c'est à ce spectacle , je crois , qu'elle a puisé les premiers élémens de ce mimique représentatif qui ensorcèle par les yeux.

L'art de représenter par les gestes et les apparences lui parut favorable à ses desseins plus que tout autre ; elle s'en occupa , l'étudia , en fit des éssais , et se perfectionna si bien , que l'art était devenu, dans ses mains , une véritable féerie ! Il est inconcevable comme elle savait tirer parti des ornemens et changer d'air et d'état selon les occasions ; elle n'était plus la même personne, et la fable de Protée n'en donne qu'une bien faible image.

Tantôt richement parée , elle en imposait à tout le monde par un maintien noble et majestueux, et elle inspirait une affection respectueuse. Tantôt élégamment habillée , elle agaçait en folâtrant, tantôt dans un déshabillé artistement simple, elle simulait langueur , tristesse, abattement, et attendrissait jusqu'à la compassion, et quelquefois fièrement galante, d'un air moqueur affectait un changement de goût, et menaçait ses amans d'une révolution prochaine. Elle répandait ainsi alternativement et à propos le respect, la joie, la tendresse, les allarmes et les soupçons.

Il est à remarquer que les traits de son visage étaient si favorables aux altérations et si flexibles qu'ils secondaient presque naturellement les caprices de sa fantaisie, et elle pouvait tout aussi bien commander sa physionnomie que sa toillette. Tout enfin s'accordait avec son esprit séducteur.

Elle avait même différentes sortes d'appartemens caractéristiques, qui servaient de scène à ses représentations. Des cabinets élégans voluptueux, des salles brillantes et pompeuses, des retraites solitaires et mystérieuses, et des bosquets tendres, frais et délicieux. Quoique ce que j'avance ne soit qu'un cas purement particulier, qui pourrait bien être regardé comme rélatif et de circonstance, cependant on n'a qu'à faire un peu d'attention à ce qui se passe dans les grandes sociétés, et on trouvera très-aisément des personnes qui jouent un rôle fort intéressant par le seul rafinement de leurs appas.

Mais plus qu'ailleurs le pouvoir de ce mimique représentatif se manifeste au théâtre, ou sans aucune prévention, tout le monde peut observer comme les apparences tiennent non-seulement lieu de vérité; mais comme elles contrarient la réalité même.

Effectivement, on voit très-souvent sur la scène la même personne, changer par l'hypocrisie des apparences tout-à-fait d'état, et à l'aide d'un habit, d'une coëffure et d'un maintien analogue, vieillir, rajeunir, faire rire, faire pitié selon sa fantaisie, et nous faire illusion malgré la certitude du mensonge.

Au théâtre on croit ses yeux par préférence, et lorsque les apparences ne sont pas d'accord avec le sens des mots, ce sont les mots qui manquent toujours d'effet. Si l'amoureux n'est pas d'une figure aimable, il déclamera inutilement qu'il est aimé, ou qu'il se trouve dans l'affliction, montrant une mine enjouée, contraire à ce qu'il dit, l'effet est également manqué. Emprunter un maintien convenable est le premier soin des acteurs, et la figure est la première convenance de tout rôle. La vue l'emporte toujours sur ce qu'on entend, et rien ne peut contrarier ce qu'on voit. Horace (*) nous le dit dans ses beaux vers latins, et l'histoire de tous les temps nous le dit bien davantage.

Même les excès condamnables dans lesquels nous sommes si souvent entraînés par le goût immodéré des apparences, sont aussi une preuve évidente de leur pouvoir. On ne devient jamais intempérant que par transport.

Or les apparences servent à deux fortes passions, la *volupté*, c'est-à-dire, et la *vanité*, qui conjointement attaquent le cœur et l'imagination. Il n'y a donc rien d'étonnant si l'on s'y livre avec ardeur, et si l'on en passe si souvent les bornes C'est de notre faible constitution d'abuser de tout ce qui nous intéresse vivement ; mais c'est aussi seulement au-delà des bornes de la modération que tout est déplacé ; on ne se ruine que par excès, et on ne se rend ridicule que par mal-adresse.

____

(*) Art poétique.

On m'accordera peut-être déjà , que le beau artificiel nous est cher , que notre attention se prête volontiers à tout ce qui se présente d'une manière agréable , éclatante ou singulière , que la mode , avec ses variations , nous agace et nous chatouille , et que les apparences ont pour les yeux force de réalité ; qu'enfin apparences intéressantes et variations bien ménagées , forment un artifice bien puissant , et donnent un grand mouvement aux passions humaines. Mais l'on ne trouvera peut-être , pas également convenable de donner le nom de musique à l'art qui flatte et en impose aux yeux.

Avant d'avancer , il sera bon maintenant d'entreprendre un petit éclaircissement justificatif , sur ce transport de dénominations , et rendre compte de sa convenance. J'analyserai donc un peu ces deux artifices , les comparant ensemble l'un à l'autre de proche en proche , détaillant leurs rapports et leurs ressemblances pour voir s'il y a véritablement un caractère musical dans les visions de l'art, ou si c'est moi qui suis visionnaire comme

4

le révérend père *Castel*. Ce savant mathématicien avait observé que les couleurs et les sons plaisent également les unes et les autres ; qu'elles sont susceptibles des mêmes gradations, des mêmes nuances , et qu'elles ont des rapports harmoniques très-semblables pour se combiner ensemble.

Il en a donc conclu , qu'ils pouvaient produire les mêmes effets ; mais ce révérend père n'a pas considéré que le champ de couleurs est *l'espace*, et que celui des sons est le *temps;* que les oreilles aiment à entendre les sons successivement les uns après les autres , et que les yeux , au contraire, aiment à voir les couleurs déployées en même temps les unes à côté des autres. Il n'a pas senti que cette opération fugitive est contre la propriété de la vue, qui veut s'arrêter sur les objets , et qu'il est si embarrassant pour elle de saisir les rapports momentanés des objets successifs, qu'il le serait pour les oreilles d'avoir les sons permanens et sans succession.

Mais quoique le clavecin du père *Castel* ait manqué , il est cependant très-naturel que, convenances observées , *espace et couleurs* peuvent être aux yeux ce que *temps et sons* sont aux oreilles. Et après avoir dit *Musique des yeux*, j'espère qu'on me passera, si j'avance aussi que, pour la construction de cette musique de la vue, il nous faut *un rythme d'espace et des modulations de couleurs.*

Les couleurs sont effectivement susceptibles des mêmes intervalles ou gradations que les sons (*). Nous avons décidément une échelle de couleurs nuancée avec les mêmes proportions de l'échelle sonore ; et l'on divise et subdivise l'espace, comme l'on divise et subdivise le temps. Variant artistement les intervalles des sons et variant leur durée, on obtient un chant, ou, comme disent les artistes, une mélodie. Ainsi, variant convenablement les nuances et les dimensions dans les couleurs on obtiendra des *formes*, ou, si vous voulez, des *images.*

Ce n'est pourtant pas des images de la peinture qu'il s'agit ici, quoiqu'elles résultent aussi de ce

---

(*) Voyez l'optique de Newton ; la dissertation de Maïran sur les tons, et l'explication du clavecin oculaire, par le père Castel.

4*

mêlange d'espace et de couleurs divisées et nuancées avec discernement. La peinture est un art
d'imitation plus que d'embellissement. Elle représente les combinaisons des objets visibles comme
ils se trouvent, choisissant seulement le beau combiné existant. L'art que je compare à la musique,
est celui de créer le beau visible qui, dans l'état
naturel des choses n'existe point ; ou, si vous
voulez, c'est l'art d'ajouter aux objets visibles
l'agrément qui lui manque, par des combinaisons
procurées et par des inventions.

Laissons cependant au père *Castel* et à quelques
savans de n͏s jours, dresser des calculs et faire
des expériences pour deviner, si les couleurs ont
les mêmes propriétés que les sons, et s'ils peuvent
produire des effets semblables. Nous sommes désor-
mais assez savans ou assez ingénieux pour flatter
et contenter nos yeux par les embellissemens
musicaux visibles, et la vue peut se délecter aussi
à sa musique.

J'ai déjà avancé, au commencement de cet
ouvrage, avoir eu l'habitude un peu licencieuse
de nommer *clavecin oculaire*, la toilette. Essayons

maintenant, s'il vous plaît, notre clavecin à la main, de mettre en musique un objet pris dans son état naturel, qui n'ait reçu aucune altération de l'art, et voyons si cela peut aller ou non.

Qu'on tire de la campagne une petite personne bien organisée, et qu'on la fasse passer par degrés les opérations de la toilette, et il sera bien facile d'observer les changemens qui en résulteront. Les traits de sa physionomie, les proportions de sa taille en seront successivement altérés et exagérés à la transformer entièrement, et vous remarquerez entre la personne venue du village et la même personne sortie de la toilette, la même différence qui passe précisément entre les propos villageois qu'elle vous tenoit ci-devant, et les ariettes qu'elle vous chante aujourd'hui.

Examinons un peu en détail comment ce changement s'est effectué. Elle sort de sa toilette, la tête coëffée. Qu'est-ce qu'une coëffure de tête ? C'est précisément une amplification de forme et un accord de couleurs opéré à l'entour d'un visage. N'est-ce pas là une physionomie, une figure mise en musique, en exagérant la disposition naturelle de ses contours, de ses traits et de ses couleurs, comme un petit sentiment poétique devient une ariette, en exagérant le rythme et l'accent syllabique des mots par le rythme musical et par les nuances des modulations sonores.

On compose les ariettes, en distribuant tantôt *quantité de sons modulés en peu de temps*, et tantôt *employant beaucoup de temps et peu de modulations*. Ainsi dans nos petits *concerts de tête*, on distribue tantôt *quantité de variations en peu d'espace*, et tantôt *beaucoup d'espace et peu de variations*. De même que les sons, les couleurs ont leurs *tons*, leurs *modes caractéristiques*, qui indiquent les convenances des sujets et les secondent. Les divisions plus fréquentes et plus tranchantes, donnent de la vivacité et de la force aux sons et aux couleurs, et les uns et les autres simplement continués, sont doux, tristes, graves, etc.

On élève et on abaisse le ton des couleurs, comme ceux des sons, on combine leurs rapports on les met en contraste, on les confond, on les éteint, on les fait éclater, on les répand, on les resserre, on développe et on conclut, ensorte qu'une unité de sujet se forme de manière qu'il serait impossible de rien changer sans gâter le concert.

Essayez un peu , s'il vous plaît, d'ajouter à un beau bonnet parfaitement concerté , une petite portion de ruban plus qu'il ne convient , en ôter de petites parties, ou les ecarter mal-adroitement, et vous trouverez que l'union en est sensiblement déconcertée et rompue.

Pour l'accomplissement de toutecomparaison, nous avons aussi de quoi terminer nos concerts par des petits jets de plumes, des houpes, des fleurs et autres matières branlantes qui forment aux yeux l'agrément des cadences , et les pierreries tremblantes que l'on met sur la tête des dames, sont de véritables *trils visibles*. En voilà assez pour les petits morceaux de musique ou ariettes.

Avec le même ordre on passe de la tête à orner toute la personne , et alors c'est un morceau de musique un peu plus compliqué. L'opération a plus d'étendue et plus de rapports à concilier ensemble ; car l'habillement demande des convenances à part ; mais toujours en relation avec la coëffure. C'est comme les récitatifs dans les opéras, ils doivent avoir leurs beautés convenables pour briller à part et pour servir de préparatif et d'occasion à l'ariette qui doit les terminer.

Sans donc s'embarrasser des calculs du père *Castel*, et sans aucune théorie de qui que ce soit, il est clair, il me semble; qu'on fait déjà de la musique pour les yeux, et que nous avons effectivement des concerts et des ariettes dans les règles. Les faiseurs de modes ne s'avisent pas le moins du monde d'être musiciens, et ils se passent heureusement de toute théorie. Ils n'ont ordinairement que du goût, de la finesse, de l'attention, et c'est assez pour réussir.

S'ils étaient mathématiciens, ils seraient peut-être plus embarrassés à démêler les rapports, à saisir et observer les convenances, que de les deviner par goût. Cependant un peu d'appareil scientifique serait fort bon pour l'intérêt de la chose; car c'est tout ce qui manque à cet artifice pour être un véritable art dans les formes. Qui sait si l'*exétique* des anciens ne s'en soit pas occupée, et pourquoi ne nous en occuperions-nous pas !

Mais revenons un peu, s'il vous plaît, à notre petite villageoise, laquelle, après avoir soigné et mis en musique sa personne, sent le besoin d'avoir un appartement en relation. Elle a déjà assez vu pour comparer les objets. Son goût s'est développé, ses yeux sont devenus délicats, et elle ne peut plus souffrir la dissonnance de ses meubles d'avec sa parure personnelle. Ses canapés, ses chaises ont de bons coussins et sont assez commodes ; mais leur vieille forme sans grâce, est fastidieuse ; les couleurs ne s'accordent pas avec la tapisserie d'alentour, les yeux en sont choqués, et parce qu'ils ne contentent pas la vue, elle dit qu'ils la servent mal, et qu'il faut les changer.

Son lit a tout ce qui convient pour y coucher mollement ; il a des rideaux pour éloigner les moucherons, il est posé dans un endroit silencieux et il semble que ce serait assez pour l'usage qu'on en doit faire ; car c'est à toute autre chose que pour la vue qu'on a un lit, mais il manque d'élégance, les couleurs en sont mal assorties, désagréables à la vue ; il faut changer tout cela, et se mettre en musique.

Les fenêtres ont leurs bons rideaux qui tempèrent assez bien l'éclat du jour ; mais ils ne sont pas drapés avec grâce et garnissent mal ; ils ne servent donc à rien ; ils doivent orner et plaire.

Les tableaux, les estampes suspendues sont admirables ; mais ce n'est pas assez, ils doivent avoir de belles bordures. N'importe que la pendule marque juste, elle doit avoir une forme agréable. Le cuisinier assaisonne très-bien, le confiturier de même ; mais l'ordre et la vaisselle sont du vieux style, insupportable à la vue ; par conséquent tout *est mal* et indigeste. Ce livre-ci dit, à la vérité, les mêmes choses ; mais l'autre édition, en papier vélin, à bordure, à vignettes, relié en maroquin, est sans contredit bien préférable. Ce clavecin, cette harpe enfin sont sonores et harmoniques ; mais c'est dommage que leur forme ne soit pas plus élégante et moderne.

C'est ainsi que notre petite paysanne devient difficile par degrés, et c'est ce qui arrive ordinairement à tous ceux qui prennent du goût aux *visions*. Les gourmands, les libertins, les ambitieux sans goût, causent bien moins d'effroi aux pères de familles et aux économes que les voluptueux oculaires, tous les autres goûts n'ont qu'un temps. La satiété, le dégoût suivent tout transport, les excès lassent et entraînent le déplaisir, qui doit tôt ou tard nous y faire renoncer; mais le goût du beau visible est de toute saison, et se conforme à toute circonstance; il est capricieux dans la première jeunesse, il devient pathétique, voluptueux dans l'âge des passions, noble, sérieux dans l'âge mûr, et s'allie très-bien à la gravité et à la sagesse.

Ainsi, tout âge et toute condition trouvent dans notre musique visible, des satisfactions proportionnelles et convenables, et nous observerons notre petite personne délicate, voluptueuse et judicieuse changer d'avis selon les circonstances de son état; mais avoir toujours du goût pour les apparences et pour les plaisirs des yeux.

Les premières légèretés de la jeunesse étant passées, l'âge des passions les remplace, et notre *musicienne* sent aussitôt le besoin d'être aimée et d'être considérée. Il faut donc se montrer de la meilleure manière, commencer à fréquenter les promenades, les sociétés et les festins, et s'y présenter d'un air aimable et engageant. C'est alors afficher qu'on a un cœur à donner ; mais conservant en même temps un maintien noble, étalant du goût dans sa parure et dans ses équipages ; c'est aussi faire comprendre de quel prix en est le don.

Étalant donc tour-à-tour bien judicieusement la grâce, le goût et le lustre, notre personne musicale vient naturellement à bout de se faire aimer et de se faire estimer.

Son engagement une fois pris, elle fait convenablement les honneurs de sa maison. Chez elle tout respire, ordre, goût et délicatesse? On l'admire, on en parle, son crédit s'affermit de jour en jour, on la consulte en fait de goût, ses décisions sont des lois, elle donne le ton, et c'est d'après ses avis qu'on approuve ou désapprouve les entreprises des autres.

La complaisance qu'elle en ressent, la porte à s'y appliquer, à s'y perfectionner davantage et à s'y plaire, ensorte qu'elle passe agréablement son temps entre la double satisfaction de jouir de la

possession des ouvrages de goût et les applaudissemens que le beau monde lui accorde.

Mais l'âge des passions tumultueuses passe à son
tour, la vivacité du tempérament s'adoucit, on
n'agit plus par transport ; mais on se conduit par
réflexion, et nous voici à l'âge calme, que l'on dit
être l'âge de la tranquillité et de la sagesse..

La volupté prend alors un caractère raisonnable ;
c'est précisément le vrai temps de goûter les agrémens paisibles des beaux-arts. La noble architecture, à la tête des arts du dessin, vient fort à propos nous offrir ses secours et ses agrémens, tout
est amélioré par elle, et tout est par elle embelli.
Aux besoins qu'elle pourvoit et aux commodités
qu'elle procure, elle unit le noble, l'agréable, le
délicieux. Enfin, à l'âge mûr on prend du goût à
l'architecture.

Nous voilà par degrés parvenus au plus fort de notre *musique*. Jusqu'ici elle a, tant soit peu, badiné, frondant sur nos caprices et sur nos passions tumultueuses. Nous allons maintenant la voir dans un aspect bien plus important.

La partie la plus brillante de l'architecture est la *décoration*. Elle concerne le beau convenable des édifices, et son office est de rendre agréable, expressif, signifiant, tout ce que l'architecture entreprend de solide, de commode et de convenable. C'est - elle qui rend illustres les monumens que l'art de bâtir ne saurait faire que durables, et cest elle qui donne l'eclat aux fêtes et aux cérémonies publiques et particulières.

La décoration est donc l'art de dominer le sentiment de la vue par des *aspects* ou apparences caractéristiques convenables ; et si le modiste règle nos habits, nos meubles, et nous intéresse par des bagatelles, le décorateur, avec plus de hardiesse et d'art, nous rend les palais, les villes, les campagnes délicieuses, superbes et brillantes par la judicieuse *distribution de l'espace* et *des couleurs*, qui constituent les formes visibles des corps, ce qui est l'essence de notre musique.

Mr. Brixeux, savant architecte français, a fort bien senti l'expression des formes visibles et leurs rapports harmoniques ; mais il a voulu les expliquer par la théorie des sons, et il est tombé à-peu-près dans les mêmes inadvertances du père *Castel.* Il a donc un peu embrouillé la chose ; mais à bien saisir l'esprit de son ouvrage, il est évident que la division d'*espace* peut opérer dans l'architecture, les mêmes effets que la division de *temps* dans la musique. Il en dit assez pour nous faire comprendre, que le beau en architecture résulte de la judicieuse division de l'espace et que tout consiste à savoir entremêler à propos, *tantôt quantité de divisions dans peu d'espace ; et tantôt beaucoup d'espace* et *peu de divisions ;* et à connoître combien d'espace doit séparer les objets entre eux pour les faire valoir. C'est-à-dire, pour faire qu'ils siédent convenablement sans gêne et sans confusion, dans un espace suffisant, afin qu'ils ne manquent pas de liaison entre eux par trop de distance qui les sépare et rendent nuls les rapports mutuels qu'ils doivent avoir entre eux.

Serlio, architecte italien, a conru également l'existence de cette espèce de rhytme ou mélodie de contour, qu'il nommait *la grâce des profils*, sentit la relation harmonique des rapports et fut bien attentif à l'économie de l'espace. Il nous laissa quelques bonnes règles dans ses écrits et des exemples très-frappans dans ses édifices. On voit de lui quantité de maisons qui n'ont pour tout ornement qu'un seul entablement, des compartimens, des fenêtres, des portes et d'autres objets de seule nécessité ou de convenance. Mais *l'espace simple*, uni et sans ornement est si bien calculé et en proportion avec *l'espace* orné, qu'il en résulte un effet très-agréable, et on est tout étonné qu'un intérêt si fort puisse émaner d'une composition si simple ; car malgré le goût de son temps pour ce qui est arbitraire, le beau de proportion subsiste toujours et se fait sentir.

Quoique je dise toujours *sentir*, *contenter les yeux*, etc., et que mon avis soit au fond, que le *bon sens attentif* est le meilleur juge en fait de

goût. Que les architectes savans ne s'en alarment
point ; car quand on a du bon sens , on a naturellement du goût , de la pénétration et du jugement , et je suis bien convaincu qu'en architecture ,
on ne doit jamais hasarder effrontément , ce que
la raison pourrait désapprouver même dans la seule
décoration. Le seul plaisir d'une nouvelle sensa-
tion , ou , comme on dit , d'une surprise , compen-
serait trop mal les grandes dépenses, l'ennui qui
suit le dégoût , et la mortification d'être désap-
prouvés par les sages.

Les goûts d'inclination et d'habitude sont trop
relatifs et d'une jouissance trop particulière ; les
goûts factices , d'opinion et de mode , ne sont que
d'un temps , et les goûts subtils ou systématiques
de l'esprit sont difficiles ou de secte. Dans les
entreprises grandes et durables, il faut donc étudier
le goût le plus général et le plus constant, qui ne
peut être absolument que le plus sensé.

Les cinq ordres de l'architecture , sont l'ouvrage
de plusieurs siècles , et les premiers inventeurs
nous sont inconnus. Mais certainement l'heureuse
combinaison de leurs formes et de leurs propor-

tions, est le résultat d'une longue méditation et d'une judicieuse et constante expérience sur les exigeances du sentiment de la vue, et sur les moyens de les satisfaire. Ce n'est pas autrement qu'on est venu à bout de fixer les proportions les plus agréables et les plus signifiantes, et il ne nous reste aujourd'hui, ce me semble, que de savoir en profiter, car le systême des ordres de l'architecture renferme déjà les germes de toute expression, et nous apprend que la seule division d'espace produit des sensations agréables, désagréables, douces, fortes et vives, et rend l'aspect des édifices nobles, fiers, piquans, grâcieux, gaîs, tristes, affreux, etc. etc.

Un *espace*, divisé par de larges intervalles et peu variés, est doux ou triste à la vue. Les divisions plus fréquentes, plus variées et plus tranchantes, marquent plus vivement, et donnent le frappant, le gaî. Des proportions moyennes forment le noble, l'élégant, le majestueux, etc. etc. Qu'est-ce qui fait la différence entre l'ordre Dorique et l'ordre Corinthien, si ce n'est les différentes dimensions dans la même matière ? Par cette différente division seule, l'ordre Dorique est fier, l'ordre Corinthien est élégant et grâcieux.

Ce qu'on dit des ordres de l'architecture en détail est également applicable à la masse entière de l'édifice quel qu'il soit. Son caractère et sa beauté résultent de l'arrangement de ses parties et de leurs relations mutuelles. Tout édifice artistement décoré, est donc un *concert*, qui a réellement un rythme mélodieux de contours, de formes, et un accord harmonique de rapports dans sa composition.

On pourrait donc bien dire, qu'un palais et tout édifice orné, sont des morceaux de musique, et qu'une ville en est une collection ; ou si vous voulez, c'est comme un opéra qui, étant composé de plusieurs ariettes et de morceaux différens, a cependant en sa totalité un caractère général qui le distingue en sérieux, comique, demi-caractère, etc. ; et l'étranger clairvoyant, qui entre pour la première fois dans une ville, s'aperçoit d'abord du ton dominant qui y règne, et du caractère de sa musique.

Les villes et les maisons sont prévenantes et

font les premiers honneurs. Certes, le premier jugement qu'on porte sur une nation et sur un particulier, c'est d'après ce qu'on voit en les abordant, et on connaît la force des premières impressions.

Notre musique s'étend encore sur les campagnes, sur les forêts et les transforme en jardins.

Quelqu'un a dit qu'il fallait de la poésie pour le jardinage. Il me semble qu'un artifice musical est plus convenable à la composition des jardins. Quoique l'art du jardinier représente quelquefois et parle à l'imagination, à l'esprit et au cœur; le plus essentiel de son office n'est que de démêler et de classifier les tons pathétiques qui émanent des objets visibles et les faire valoir davantage par des heureuses combinaisons ; comme l'art du musicien est premièrement de démêler le caractère des sons et de les combiner heureusement pour les rendre plus intéressans.

L'art du jardinier consiste donc à savoir discerner le caractère des objets visibles, que la nature a parsemé confusément, et de les assujétir à un ordre qui en augmente l'efficace à dessein d'en

faire mieux sentir les effets ; car il est bien évident qu'une union choisie d'objets gais , donnera
des impulsions plus fortes pour exciter la gaîté ,
que ne le pourrait faire un amas confus ou épar-
pillé sans liaison. Ainsi les objets tristes , unis et
accordés ensemble , s'entr'aideront mutuellement
et rendront la tristesse plus sensible et plus
complette.

Le sage jardinier , dans la distribution de son
plan , se propose donc une succession de *scènes*
différentes , artistement préparées selon la qualité
du projet et la disposition de son terrain. Ici ne
doit régner que la gaîté , là, la tristesse , plus loin,
la tranquillité, l'aménité , la fraicheur ; des endroits
frappans , romanesques , horribles ; par-ci , par-là
quelque caprice , quelque bizarrerie , et même de
petites extravagances , si le projet est assez vaste
et qu'il ait besoin de beaucoup de variété. Passer
ainsi judicieusement d'un ton à l'autre , ou par gradation ou par surprise , selon les circonstances , et
nous tâter et flatter plus fortement que possible.

Les personnes exercées à voir ne douteront pas ,
je crois , de l'existence de ces tons pathétiques

dans les objets visibles de la nature inanimée ?
Chacun peut avoir eu occasion d'observer et de
sentir comme un beau site console, comme un
tendre bosquet invite au repos, et inspire de
douces rêveries, et comme une sombre forêt at-
triste et épouvante. Il est des grottes, des ro-
chers, des solitudes qui sont affreuses et sublimes.
La forme et la teinte des arbres, mettent aussi
entr'eux une très-sensible différence ; il y en a dé-
cidemment de gai, de gracieux, de tristes, de
fier, de majestueux, etc.

Dans son original, mon auteur se plaint à ce
sujet, que la mode ait aboli les jardins réguliers.
Il regrette beaucoup la perte de ces majestueuses
allées en arcade, ou galeries voûtées en verdure,
cet intrigue des chemins qui se croisent, etc. etc.
Ces jets d'eaux saillantes, ces cascades symétriques
et pompeuses, ces bassins entourés de nymphes, de
tritons et d'autres divinités marines, ces grottes
capricieuses et d'une régularité bizarre, garnies
de congellations, de coquillages où les eaux fo-
lâtrent de mille manières différentes, ces terrasses
suspendues garnies de balustrades, de vases rem-

plis de fleurs, de statues, de bustes, etc. Cette régularité enfin, artificieusement gracieuse, noble, imposante qui élève l'âme, qui nous enchante et ravit, de laquelle la nature nous a privé entièrement et que l'art seul peut nous faire goûter.

Le goût des jardins irréguliers n'est que plus modeste, l'autre est plus admirable. Oserait-on déraciner les jardins de·Versailles, de Schönbrunn, de Sans-Souci et de Péterhoff pour les rendre irréguliers ? Le traducteur n'osant pas prononcer sur ces deux goûts différens, serait cependant d'avis de conseiller aux grands seigneurs de savoir en faire un judicieux mélange, comme il leur conseillerait d'avoir dans leur bibliothèque de la bonne prose et de beaux vers. Pourquoi Delille a-t-il écrit si régulièrement en vers à bouts rimés sur l'irrégularité qu'il recommande?

Quelquefois c'est une dissonnance trop remarquable, une impertinence que de passer brusquement de la maison entièrement régulière, au champêtre irrégulier sans aucun intermédiaire. Ne serait-il pas beaucoup plus convenable de passer du régulier à l'irrégulier par gradations.

Outre l'article du jardinage, il y a aussi dans l'original anglais un assez long chapitre sur les apparences de la scène dans les spectacles de théâtre. Je les ai omis tous deux entièrement, vu que le premier aurait peut-être trop choqué l'opinion dominante; car il ne faut pas attaquer les goûts dans le fort de leur vigueur, et que, toujours, d'après mon auteur, je parlerai du second dans l'opuscule suivant.

Pour achever enfin de suivre dans tous ses procédés la musique proprement dite, et savoir si la nôtre peut se promettre les grandes qualités qu'on accorde à la première, voyons un peu si les artifices visibles peuvent autant que les auditifs, s'élever jusqu'aux grandes affaires de ce monde.

On dit que la musique des sons sert au moral à unir les hommes, à animer les grandes passions, à diriger l'esprit et à répandre l'opinion. Je crois que les signaux, les devises, les costumes, les formalités et l'appareil ou la décoration, nous donnent un plus grand mouvement, et nous déterminent bien plus facilement par l'efficace de leurs attraits et par la clarté de leurs significations.

Commençons par fixer nos regards sur la société civile, et il nous sera bien aisé de reconnaître l'avantage de qui sait mieux étaler les meilleures apparences. Si deux personnes du même degré d'esprit, se rencontrent à-la-fois au bout opposé d'un passage étroit sans se connaître, et sans avoir l'un de l'autre aucune prévention ; celui qui aura meilleure apparence commandera tacitement à l'autre de s'arrêter , et passera le premier. Si on vous offre deux cadeaux du même prix , pourquoi choisissez-vous le plus beau? Si on est invité à deux fêtes en même temps et à convenances égales ; il est tout naturel qu'on choisira la plus brillante. On s'enrôle plus volontier dans un régiment à bel uniforme, et quand on est engagé, il faut bien marcher et se battre si l'occasion se présente. D'ailleurs qu'est-ce qui fait la différence entre une assemblée et une fête, entre un repas et un festin? On trouve presque partout les mêmes personnes , on y sert à-peu-près les mêmes mêts ; mais le caractère de galanterie, d'élégance , d'allégresse et de magnificence résulte uniquement de l'appareil, même dans les occasions de tristesse , de funérailles et de terreur. Ce sont toujours les significations de l'appareil qui font les avances , disposent le sentiment et l'esprit.

Ainsi, dans les grands événemens publics, le moyen le plus capable d'exciter l'allégresse ou la terreur résulte des visions. Qu'on annonce , par affiches ou par cris simplement, les plus grands événemens du monde , chacun y prendra part relativement aux idées qu'il peut se former des avantages et des satisfactions qu'ils promettent ; mais ce ne sera que des consolations sourdes et particulières. Au contraire , la même annonce accompagnée d'une fête pompeuse, d'une brillante illumination , d'un beau feu de joie , fera , sans doute, un effet plus général , tout le monde y prendra part , et sans songer nullement aux utilités publiques , ni aux particulières , la joie sera éclatante et universelle.

Tous les Romains étaient parfaitement instruits des conquêtes , des victoires et des avantages remportés par leurs armées , aussi bien que des exploits de leurs généraux , et la pompe du triomphe ni ajoutait rien à la certitude de l'utilité publique , ni à la gloire de la nation ; mais cette magnifique enfilade de chars et d'hommes portant des trophées , cet étalage successif de dépouilles , les arcs , les quadriges et la parure extraordinaire qui entourait la personne triomphante , donnait un tel lustre à l'homme et à la chose , qu'ils n'en auraient jamais pu tirer de pareil par aucun autre moyen , ni d'aucune autre manière.

Les visions ont été en grand usage chez toutes les nations du monde. En parcourant l'histoire de tous les peuples de l'Asie, celle des Egyptiens, des Grecs, des Romains, etc. on voit que les cérémonies ont été en tout temps, un article de politique, et les nations les plus civilisées sont celles qui ont passé par plus de cérémonies, de formalités et de visions.

Les sages de l'antiquité qui ont voulu diriger et dominer l'esprit public, n'ont jamais négligé les apparences et de solenniser les *actes*, par des monumens et par des décorations. On a vu que le grand, que le riche imposait naturellement et commandait le respect, et on s'est mis à faire des temples, des palais, des thiares et des robes. Dans les institutions civiles de l'ordre social, il y a des choses qui ne sont plus rien, si elles se débitent sans grâce ou sans dignité. Si les illusions peuvent opérer le bien, pourquoi négliger les illusions?

Il faut des idoles aux hommes; car ils sont idolâtres. L'imagination est peut-être la plus inquiète de nos facultés, et pourrait bien devenir inquiétante, si on la laisse sans occupation convenable. Donnez des fantômes à la multitude avant qu'elle s'en forge sottement à sa manière.

Quand récemment la nation, qui passe aujourd'hui pour être la plus éclairée, a eu besoin du désordre, elle a commencé par abolir, et tourner en ridicule toutes sortes de formalités, et donner seulement des fêtes licencieuses ; mais d'abord que l'ordre se rendit nécessaire, on enchérit de réchef sur les distinctions, sur le cérémonial et les convenances du *décorum*, qui met une différence sensible entre les hommes et les choses.

Dans le terrible sac de Rome donné par les Gaulois (*) du temps de la république, les soldats ennemis tuaient impitoyablement tous les hommes en place. Le Sénat prend très-prudemment la fuite, et se sauve comme il peut. Un vieux Sénateur en robe, ne pouvant pas marcher, reste tranquillement assis dans sa chaise curule ornée d'ivoire, et, d'un air composé, lance, sans parler, un regard assuré sur le brutal qui allait le tuer. Le soldat interdit, s'arrête le fer levé, et n'aurait

---

(*) Rollin, Histoire de la République romaine.

osé peut-être lui porter le coup qui le renversa ,
si le Sénateur , se moquant de sa compassion , ne
l'eût irrité davantage, en le frappant de son sceptre
sur le nez.

Ceci dit bien quelque chose en faveur des apparences ; car toute idée et toute réflexion sur la
dignité de cet homme , aurait du déterminer le
soldat à continuer son carnage , et ce ne fut que le
maintien grave de ce vieillard , qui a pu à l'instant
changer les dispositions du soldat et calmer sa fu-
reur. Je ne sais pas quelle éloquence ou quelle
musique aurait pu opérer un effet si prompt et
si fort. D'ailleurs on a vu très-souvent les plus
grands esprits perdre contenance et s'embarrasser
dans les grands cérémonials , et bien souvent la
gaîté d'une fête brillante a rendu un négociateur
plus traitable , une beauté plus facile.

Personne , que je sache , ne tira un meilleur parti
des apparances et de l'étalage engageant de ses qualités personnelles que le Roi de France, Louis XIV,
et bien plus que l'importance de ses exploits , ce
fut peut-être la grâce et la dignité de ses manières
qui lui valurent le titre de grand. Le philosophe de

Sans-Souci, au contraire, Frédéric, le vraiment grand, sentit bien qu'il aurait été mal séant à lui d'affecter de belles manières, de danser avec ses courtisans, et faire l'élégant dans les cercles. Il affecta au contraire, de mépriser les apparences ; mais il aurait voulu avoir le meilleur palais et la plus belle capitale du monde, et s'il évitait le petit cérémonial de la cour, il se montrait plus souvent que possible à la parade, et s'exerçait avantageusement avec ses régimens, voltigeant et caracolant à cheval de l'air le plus martial qu'il pouvait se donner. C'était un lion qui sécouait sa crinière, et faisait la toilette de ses ongles. Il n'était donc retenu et réservé à sa cour, que parce qu'il entendoit fort bien l'harmonie des convenances. On dit aussi qu'il était fort attentif à la contenance de qui l'approchait, et que ceci influait beaucoup sur le jugement qu'il portait des personnes.

A bien observer les mœurs, suivent la contenance, et le déréglement commence toujours par un certain désordre extérieur. Ordinairement c'est par son maintien qu'une fille affiche de n'être pas sage, et un homme de n'être pas respectable. La vue est perçante et saisit avant l'examen et la conclusion de l'esprit, l'abaissement de celui qui s'oublie.

Ce serait cependant aller contre l'évidence, que de ne pas avouer aujourd'hui que notre musique des apparences a servi quelquefois malheureusement à faire le mal, et a favorisé très-souvent le vice, la séduction et l'imposture. Grand Dieu, de quoi n'abuse-t-on pas ? La grâce et la beauté sont séduisantes, la splendeur éblouit, et on a trouvé fort commode de couvrir les friponneries, les mensonges et les forfaits par un bel extérieur dissimulé, et par l'éclat et la majesté des artifices visibles.

Mais notre musique s'élève un peut trop, elle devient tout - à - fait tragique, et pourrait bien nous attrister et nous mettre de mauvaise humeur. Il vaut donc mieux revenir aux effets gais, amusants et de finir ce chapitre par un feu de joie ; car ce serait une bévue bien grossière, que de terminer un discours de musique visible, sans toucher à un artifice qui a la plus grande ressemblance avec la musique proprement dite.

Les feux de joie unissent aux autres propriétés musicales, que nous avons observées, le grand avantage que rien n'est permanent, et que les combinaisons de leurs formes et de leurs couleurs s'écoulent dans le temps, changent et passent rapidement, comme les sons, les modulations et le rythme musical. Ici la progression successive et le mouvement sont essentiels à la chose, et coopèrent au plaisir instantané des variations. C'est enfin, le clavecin oculaire, et la musique des yeux par excellence.

AVERTISSEMENT DU TRADUCTEUR

J'ai retranché tout ce qu'il y avait, dans l'Original, de particulier à la nation pour laquelle l'Auteur écrivait, et j'ai seulement retenu ce qui peut convenir en général. Ainsi cette traduction n'est pas entièrement conforme à l'Original anglais.

SUR L'OPTIQUE THÉÂTRALE.

L'illusion au théâtre tient lieu de réalité. Le grand spectacle que l'on nomme *Opéra*, est parmi les spectacles auditivo-visuels de la scène, celui qui a le plus grand besoin de *visions artificielles* pour favoriser la marche de ses entreprises, et rendre vraisemblable le prodigieux, le grand, le riche qui doivent y regner.

Après avoir tant rafiné et subtilisé sur ce que l'on doit écouter au théâtre, il serait bien raisonnable de donner aussi quelqu'éclaircissement sur la valeur des apparences, et sur l'économie des convenances visibles dans les représentations théâtrales et particulièrement l'opéra, afin que dans ce spectacle difficile et délicat, tout coopère à l'illusion et à l'enchantement.

Dans mes voyages et pendant mon long séjour en Italie, les occasions ne m'ont pas manqué d'observer , à l'opéra , que l'ennui qu'on y gagne le plus souvent , malgré tant de beautés et de rafinemens auditifs , ne vient que de la seule négligence des convenances visibles.

Les Italiens , inventeurs et les plus grands amateurs de ce spectacle , l'ont rendu , chez eux , trop commun, en le prodiguant mal-à-propos , et ils l'ont maltraité et avili peut-être , pour vouloir trop en faciliter la jouissance.

L'opéra n'est pas un spectacle à donner sans réserve ; mais non plus à voir pour une seule fois. Le beau idéal et recherché , le grand , l'éclatant , le surprenant forment l'essentiel de ce genre de représentations , et c'est ce qui naturellement nous gagne d'abord et nous intéresse vivement ; mais toutes ces qualités perdent de leur force lorsqu'on s'y familiarise trop , et demanderaient d'être vues rarement.

D'un autre côté , la composition du grand opéra, où tous les beaux-arts déployent à l'envi , leurs agrémens et leurs expressions , est trop compliqué pour qu'on puisse la saisir en entier, et la goûter en détail , n'y assistant qu'une seule fois.

La bonne réussite d'un grand opéra bien concerté, ou la poésie, la musique, la danse, l'architecture, la peinture, la mécanique, l'art du tailleur et du brodeur accumulent tant de rafinemens à-la-fois, fait que nous en sommes trop éblouis à la première représentation par l'effet général qui en résulte, et trop occupés de l'ensemble pour pouvoir faire attention aux beautés de détail et aux qualités délicates qu'il contient ; qualités qui nous échappent d'abord ; mais qui se manifestent peu-à-peu par la suite, et servent à maintenir l'intérêt, ensorte que toutes les fois qu'on revoit ce spectacle, on y trouve des beautés nouvelles et des particularités capables de maintenir l'intérêt plus long-temps que tout autre spectacle inventé.

C'est donc à plusieurs reprises et avec le temps qu'on peut saisir et goûter toutes les beautés, et toutes les finesses d'un tel genre de composition, en connaître tous les rapports et les assaisonnemens, et épuiser toutes les sources de plaisir qu'il contient.

Par l'effet général qui en résulte, et par

l'agrément successif presqu 'infini des détails , le bon opéra doit être le plus intéressant de tous les spectacles et le plus solennel , sans être aucunement le meilleur qu'on puisse donner au public ; si même on le donnait trop fréquemment , il ne servirait qu'à rendre nos goûts trop difficiles et à nous blaser , sans pouvoir étaler rien de mieux à l'occasion d'avoir besoin d'un grand spectacle.

Il semble donc tout naturel de conclure, qu'un spectacle si couteux , si délicat à manier , et si difficile à réussir , demanderait toutes les attentions possibles ; afin de ne pas aventurer tant de dépense et tant de soin ; aussi bien qu'un peu de réserve et de ménagemens pour ne pas le prodiguer mal-à.propos , ni le profaner.

Mais un spectacle si grand , si riche , si compliqué n'est qu'une magnifique sottise s'il réussit mal. L'opéra est à-la-fois le spectacle des *sens* , de *l'imagination* , de *l'esprit* et du *goût.* Les sens sont exacts , l'imagination exigeante , l'esprit subtil , le goût délicat et capricieux.

Il faudrait donc combiner dans l'ensemble d'un opéra , la *précision* pour les sens , du *saillant* et du *transcendant* pour l'imagination , de la *finesse* pour l'esprit, et que le tout fut concerté de bonne grâce et assaisonné à la *tournure du goût régnant.* Je dis du goût régnant ; car la mode, quoiqu'on en dise, commande dans les spectacles, comme ailleurs , en fait de goût.

Quelle étrange complication de choses dans l'opéra ! On voit bien qu'un tel mélange ne peut pas être précisément le spectacle de la raison , ni celui du cœur ; mais plutôt un effort du génie, et s'il est permis de s'expliquer ainsi , une ruse de l'esprit , une séduction, un prodige, enfin la véritable féerie.

Mais quel monstre s'il n'a pas le bonheur de réussir ! Si les parties ne se lient point ensemble ! si elles ne tendent pas à un seul but, et ne forment entr'elles un tout représentatif illusoire ! si une machine enfin si compliquée se détraque par mal-adresse ! C'est alors un fatras insignifiant, fatigant , ennuyeux, et s'il n'est pas entièrement méprisable , c'est l'effet de sa seule richesse. Car un magasin rempli de riches marchandises, quoique jetées çà et là , pêle-mêle , sans ordre et en pleine confusion, est toujours un considérable désordre , ce qui ressemble parfaitement bien à un opéra qui réussit mal , faute d'union.

Cependant l'ordre que cette complication de choses demande , n'est pas si aisé à concevoir, et l'exécution en est bien difficile sous tous les rapports. Je me propose seulement d'envisager les représentations dans leur état d'action et de situation locale , et de relever des négligences que les auteurs dramatiques laissent échapper, faute apparemment de savoir se mettre dans l'état des spectateurs clairvoyans ; l'imagination, le goût, l'esprit sont des qualités sur lesquelles les auteurs doivent certainement beaucoup compter; mais qu'ils fassent toujours attention à la différence qui est entre le public *spectateur* et le public seulement *lecteur*. C'est le seul avis que je sois en état de leur donner, et le seul but de cet ouvrage.

Les spectacles théâtrals nous affectent par la méditation des deux sens principaux, la vue et l'ouïe ; les deux sens, c'est-à-dire , les plus délicats que nous ayons et les plus féconds en sensations et en idées. De nos jours on a donné tout l'assaisonnement et tous les rafinemens possibles à ce qui nous doit entrer par les oreilles, qu'on ne saurait subtiliser davantage sans extravaguer, et on peut bien s'en tenir là.

Pareil soin n'a pas été employé pour accorder ensemble ce qu'on doit écouter, avec ce qu'on doit voir ; et les auteurs théâtrals, malgré tout ce qu'ils disent là-dessus d'ingénieux, s'avisent fort mal d'entreprendre de donner sur la scène des représentations aux spectateurs sans y ménager le sens délicat de la vue. L'âme des clairvoyans, accoutumée à se rapporter entièrement aux yeux, y trouve alors certains défauts de convenances et certaine contradiction qui troublent la vraisemblance, et par conséquent l'illusion, l'intérêt, l'expression et empêchent la jouissance.

Il n'y a rien de plus choquant et de plus incohérent dans une représentation, que de voir traîner l'action pour étaler simplement de belles enfilades de phrases rhéthoriques, poétiques ou musicales. Encore qu'elles soient les mieux rendues possible, elles ne peuvent jamais remédier à l'inconvénient qu'elles causent, et c'est toujours bien dire et mal faire.

Quel ennui, par exemple, de voir l'agresseur furieux, le fer levé, temporiser, à contre-sens pour donner le temps à son adversaire d'achever sa belle période ou sa belle cadence, et que l'autre au lieu d'aller vite secourir l'ami ou l'amant en danger, s'arrête à exprimer son grand empressement par de longues circonlocutions éloquentes.

Quand on doit seulement écouter, c'est autre chose. Le spectateur concentre toute son attention au fil du discours, et se rapporte entièrement au sens des mots, et aux seules significations auditives ; mais quand on doit *écouter* et *voir* à-la-fois, l'attention de l'âme est partagée, elle *écoute* alors et *voit* en même temps, et il faut rendre compte également de ce qu'on lui donne à voir et de ce qu'on lui donne à écouter.

La vue est naturellement perçante et exacte, et la faculté de discerner lui est plus particulière qu'à l'ouïe. La vue se fixe sur l'objet et en saisit plus facilement les propriétés, les rapports et les convenances ; c'est le meilleur espion et le premier conseil de l'âme. Elle prévient la réflexion et fait les avances au jugement dans presque toutes les occasions.

Si quelqu'un s'avisait de se présenter avec une mine gracieuse, et d'un air triomphant pour vous faire un compliment de condoléance, comment trouveriez-vous la chose ? Ce mal-adroit aurait beau vous dire, avec la plus forte des éloquences qu'il est triste et affligé de vos pertes, son maintien le trahirait et son beau dire ne servirait à rien. Au contraire, s'il sait se présenter avec la contenance de l'affliction, il vous persuadera de ses sentimens, sans qu'il ait besoin de dire un seul mot.

Si l'acteur qui joue l'amoureux sur la scène, a véritablement un air aimable, il nous persuadera sans effort qu'il est aimé, ou qu'on a tort de ne pas l'aimer ; mais si sa figure est désagréable, ce qu'il nous débitera de plus éloquent pour nous persuader qu'il est la cause de tant de souffrances et de folies, sera sans effet.

En fait de certitude, on croit ses yeux par préférence, et quand l'illusion doit tenir lieu de réalité , il faut mettre dans ses intérêts le sens de la vue , autrement , ce qui entrera par les yeux , troublera et détruira l'effet de ce qui entrera par les oreilles.

Quand la vue et l'ouïe ne s'accordent pas dans leurs entreprises ou se contrarient, la vue est toujours la plus forte et gagne les affections de l'âme par préférence. On aurait beau psalmodier en ton lugubre dans une belle salle élégamment parée, illuminée et remplie d'une brillante société , et d'autre part tâcher de réjouir et faire danser des gens sans ivresse dans une obscure caverne. On réussirait fort mal dans l'une et l'autre de ces deux entreprises , la gaîté serait toujours dans la salle , la tristesse, l'horreur dans la caverne. L'expérience nous enseigne qu'il est bien difficile de contrarier ce qu'on voit par ce que l'on entend , et tout est dit quand on a vu.

Les auteurs théâtrals ont cependant négligé très-souvent les convenances visibles dans les représentations , et voici une des causes principales qui rendent si froides sur la scène quantité de pièces qui charment à la lecture et au concert.

On a travaillé pour l'esprit, pour l'imagination et pour les oreilles, et on n'a pas mis l'attention convenable aux exigeances de la vue. C'est bien dommage d'avoir un public clairvoyant.

Les spectacles de la scène qui peuvent se soutenir par la seule force des mots ou du discours, par les agrémens de la musique ou par l'adresse de quelques acteurs, sont d'un autre genre, et ont moins de rapports à concilier ensemble pour leur perfection. Ce sont de petits assauts locaux et particuliers qui nous attaquent d'un seul côté, ou qui gagnent du terrain peu-à-peu par escarmouche; mais les grands opéras nous livrent un assaut général et décisif. Si le plan est mal concerté; si les postes sont mal garnis; si on y laisse des endroits faibles; si on ne triomphe pas enfin de toute notre sensibilité à-la-fois, tout est perdu sans ressource.

On a senti d'abord que le pouvoir combiné du beau auditif et du beau visible, auraient été d'une force suprême dans les spectacles auditivo-visuels de la scène, et on a voulu accorder ensemble les intérêts de la vue et de l'ouïe pour les porter à faire cause commune; mais apparemment qu'il règne entre ces deux sens quelque espèce de rivalité qui les empêche de faire une bonne et sincère alliance.

De grâce, un coup-d'œil sur l'histoire des spectacles, l'on y trouvera à-peu-près les vicissitudes et les révolutions suivantes. (*)

Les poëtes théâtrals de tout temps ont trouvé apparemment plus commode d'aller à l'âme par la voie des oreilles, et ils auraient souhaités que les hommes renonçassent entièrement à leurs yeux. Ils se sont toujours plaints de ce que le monde aimait trop à voir, et c'est toujours avec dépit qu'ils se conforment quelquefois à la nécessité de ménager les apparences dans les représentations du théâtre. Leur ambition serait de suffire à tout avec leur seul art ; et particulièrement depuis qu'on imprime et qu'ils ont cessé d'être eux-mêmes acteurs et musiciens, les grands poëtes se sont piqués seulement de satisfaire à la lecture, traitant de frivolité toute convenance que les mots ne peuvent rendre, et dédaignant tout secours étranger à leur art.

(*) Voyez Planelli sur l'Opéra, et Artëaga *Rivoluzioni del teatro italiano*

Il y aurait à ce propos quantité de citations à faire de plusieurs poëtes anciens et modernes qui se sont fortement inquiétés de ce que les hommes aiment à voir, et qui ont trouvé fort mauvais d'avoir un public à vue exigeante et délicate. Ils ont épuisé souvent toute la finesse de leurs sarcasmes pour répandre du ridicule sur le goût des visions et sur l'art des apparences, et s'ils n'ont pas entrepris de crêver les yeux aux spectateurs, ils ont au moins voulu les aveugler sur le goût du beau visible et sur les intérêts de la vue (*).

Mais malgré les efforts des poëtes dramatiques pour répandre exclusivement le gout des choses auditives; malgré même tant de succès qui couronnèrent leurs ouvrages seulement auditifs, et quoique les gens, que l'on nomme d'esprit et de lettres, y trouvassent une entière satisfaction; cette nonchalance ou fierté des auteurs, ce mépris qu'ils ont toujours affecté pour les apparences, a laissé une imperfection, un défaut dans les représenta-

---

(*) Cet article est rendu mot à mot.

Note du Traducteur.

tions de la scène qui se fit remarquer à la longue, et les spectacles commencèrent à languir, faute de convenances visibles. .

Les clairvoyans mécontens courraient en foule partout ailleurs, ou il y avait de quoi exercer la vue et la satisfaire. De là tant de spectacles que les anciens et les modernes inventèrent uniquement pour la vue; et voici comme les intérêts de ces deux sens se sont divisés naturellement, et comme ils ont fait cause à part. On allait voir d'un côté et écouter de l'autre, et les rafinemens visibles et auditifs étaient mis en usage à l'envi jusqu'à trop subtiliser de part et d'autre. L'attention publique s'est donc partagée, et la vue et l'ouïe semblèrent se disputer la préférence.

On a voulu alors réunir, dans un seul spectacle, les intérêts de ces deux sens, et faire ainsi le spectacle des spectacles : c'est-à-dire : l'*Opéra*. Ceci a pu réussir pendant quelque temps, quand des hommes de génie qui réunissaient les talens et les connaissances nécessaires, travaillèrent à son organisation, et se mêlaient de la composition et de la direction, assignant avec autorité, discernement et constance , à chacun ses domaines et ses bornes. Quand ces sortes d'hommes s'en mêlèrent, ils réussirent ; alors nous vîmes des représentations magnifiques et surprenantes ornées de musique, de danse et de décorations qui flattaient les sens et élevaient l'âme.

Mais l'immensité de l'entreprise fatigua bientôt les plus courageux, ne trouvant pas dans cet emploi une compensation proportionnée à tant de peines , et nullement leur compte, vu que c'était travailler pour les autres que de faire briller les arts et les artistes coopérateurs ; et qu'après avoir conciliés ensemble tant de difficultés pour faire aller une machine si compliquée , le grand ressort qui en donnait le mouvement et en causait le jeu et l'effet , restait souvent sans honneur. Le spectacle des spectacles à donc été livré au caprice, à l'intrigue et au hasard.

Les arts en général trouvèrent cependant dans ce spectacle un champ très-favorable à leur lustre. A l'aide de la poésie qui leur prêtait toutes sortes de motifs et de secours , ils déployèrent avec émulation leur force et leurs agrémens. La musique qui se lie plus naturellement au rythme des vers, et tient de plus près à leur expression, était devenue, comme on devait s'y attendre, la favorite des poëtes, la plus cultivée et la plus caressée. Elle a pu ainsi prendre son essort plus aisément, gagner l'attention par préférence, et monter en considération jusqu'à s'approprier sans façon, toutes les qualités expressives qu'elle devait à la poésie.

Devenue orgueilleuse par son succès et par son crédit, la musique voulut alors briller d'elle-même, se soutenir de ses seules forces, et suppléer à tout de son propre fonds, bravant et dédaignant tout secours étranger. Des talents heureux s'y sont appliqués, et il faut l'avouer, toute seule elle a fait bien plus que l'on ne s'y attendait.

De cette manière, le spectacle des beaux arts est devenu en peu de temps le spectacle particulier de la musique.

Parvenue au point de pouvoir dominer, elle a voulu déployer seulement ses propres richesses et briller elle-seule, coûte qui coûte. Alors tout fut asservi à son développement, à ses périodes tournoyantes, à ses répétitions impertinentes, à ses longueurs traînantes, enfin à ses seuls et particuliers intérêts, quelquefois même aux seuls intérêts et aux caprices de quelques individus simplement exécuteurs, mais devenus rares par leur habileté. Tout ceci n'était qu'au préjudice de la représentation et de toute autre convenance. L'opéra ne représentait plus rien ; mais donnait occasion d'y chanter à gorge déployée et en superbe habillement.

Cela a pu amuser encore pour quelque temps ; mais par la suite, à force de chercher, à force de varier et à force de rafiner et de subtiliser, on parvint à épuiser toutes les sources de plaisirs naturels, factices, idéals, fantasques, capricieux, minutieux, gigantesques, extravagans et impertinens ; ce n'était plus qu'un étalage éphémère d'ostentation et de subtilités musicales sans signification et presque sans beautés. On y faisait des efforts admirables, et des tours d'adresses extraordinaires ; mais qui fatiguaient plutôt que de contenter. Cependant on n'osait s'en moquer, ni revenir au simple, au naturel, crainte de descendre, et l'on tâchait de s'occuper, comme on pouvait de l'admirable stérilité du difficile et du recherché.

Mais, pendant qu'on voulait s'occuper savamment du difficile musical, le penchant naturel qu'on a pour le beau simple, aisé à sentir et à concevoir, fit tourner, pour quelque temps, l'attention publique vers l'appas de l'opéra bouffon.

Au commencement l'entreprise de ce spectacle était moins vaste, la musique plus modeste, et tout allait beaucoup mieux. Mais le luxe musical s'y glissant peu-à-peu, la naïveté amusante et caractéristique de ce grâcieux spectacle s'altéra et se dissipa par le besoin du nouveau et du piquant, qui ne manque jamais de se faire sentir à la longue, et par l'ostentation mal entendue, que nous avons indiquée ci-devant, du difficile et du recherché.

On s'ennuyait déjà ordinairement à l'opéra ; mais on n'osait encore le mépriser, il se soutenait en quelque manière plutôt à force de notes que de chant, et la comédie et la tragédie n'étaient que des poëmes en dialogue presque sans action, ou des farces déréglées. Enfin , on manquait alors de véritables représentations.

Cependant comme les représentations imitatives sont de tous les spectables imaginés jusqu'ici, ceux qui frappent et qui intéressent plus vivement et plus généralement, on en sentait décidément le défaut; mais on ne savait pas précisément ce qu'on aurait dû faire pour en avoir , ni s'il était bon d'en avoir.

Dans le composé du grand opéra , la danse eût toujours beaucoup de part, et y joua un rôle assez considérable pour attirer seule l'attention publique. Elle présidait et dirigeait les mouve-mens de toute l'action en général , et de temps en temps elle avait occasion d'y déployer de petits concerts figurés qui formaient de très - grâcieux tableaux mouvans , de petites représentations lo-cales , que la pantomime animait , et que la danse ornait de sa tactique mélodieuse.

Tout ceci était remarqué, goûté et applaudi du public , et il paraissait même qu'on aurait désiré de le voir plus souvent et plus en grand. On a donc flatté ce goût, et peu-à-peu on vit représenter par les gestes beaucoup mieux que par les mots ; alors l'amour des représentations se reveilla, on trouva bon de le seconder, et on se mit à faire de grands ballets pantomimes à part, sans aucune liaison avec le reste du spectacle. Voilà de rechef les intérêts de la vue séparés de ceux de l'ouïe, et bien loin de faire à jamais cause commune.

Aujourd'hui, presque dans toute l'Europe, le spectacle que l'on nomme opéra, est composé de deux spectacles différens, l'un pour les oreilles et l'autre pour les yeux. C'est-à-dire, il y a une pièce librement dramatique où l'on chante comme on veut, et un ballet pantomime où l'on représente une action suivie et ornée de danse. En Italie où l'on aime à passer les soirées au théâtre, il y a constamment deux ballets à chaque opéra. Le premier se donne immédiatement à la suite du premier acte du drame, et est ordinairement tragique et grand, le second qui est comique, se donne après le second acte, quelquefois il y en a un troisième à la fin du dernier acte, qui sert de finale et termine le spectacle.

Ce goût des représentations pantomimes se soutient encore en Italie et forme l'intérêt principal des grands spectacles. Ce n'est qu'aux ballets et à quelques morceaux de musique qui ont réussi qu'on fait silence et qu'on porte attention, le reste des quatre ou cinq heures qu'on passe à l'opéra, c'est comme si on n'était pas au spectacle ; car ; dans le théâtre italien, on ne change point tous les soirs l'opéra qui a réussi, on continue de le donner sans interruption pendant des mois entiers, et on a le temps de faire son choix.

Mais quoiqu'en Italie le plus fort de l'opéra soit méthodiquement les ballets, le drame musical a continué nonobstant à être regardé comme l'objet principal, par privilége d'aînesse que les Italiens lui ont conservé constamment, et on affiche toujours à la porte du théâtre : *on represente en musique tel drame*, sans faire mention des ballets, qui sont encore considérés comme des ornemens accessoires.

Cependant il est arrivé de mon temps, que dans une des plus grandes villes d'Italie, où l'on donnait absolument les meilleurs spectacles du monde en ce genre , le directeur qui avait du goût, à ce qu'on disait pour une danseuse , s'avisa de faire afficher , à l'entrée de son théâtre : *On représente Hamlet* , ballet-pantomime qui avait merveilleusement réussi , et *on chante Iphigénie* drame, qui était aussi très-bien composé et très-habilement exécuté ; mais l'allarme et les cris du monde écrivain et du monde chantant , ont empêché cette raisonnable distinction , et on continua d'afficher à l'ordinaire : *On représente en musique* , etc.

Après tant de vississitudes , voici maintenant comme les choses se sont arrangées d'elles-mêmes. Aujourd'hui il y a trois puissances qui règnent au théâtre et qui ont des domaines à part, conséquemment leurs ministères , leurs milices et leurs cours différentes ; mais , à cause de leur voisinage et des bornes mal marquées , il y a toujours des démêlés aux frontières , et les incursions et les petites guerres sont très-fréquentes par besoin de fourrage, par jalousie d'état et par intrigue de cour.

La poésie a restraint ses domaines aux seules tragédies , et aux seules comédies en vers et en prose, où elle règne toute seule , règle tout, et chacun doit lui obéir ; mais elle sert et rend hommage à la musique, à l'occasion de l'opéra.

La musique règne despotiquement sur le théâtre de l'opéra, sa cour est la plus brillante, ses courtisans sont vifs, enthousiastes, légers, flatteurs ; son cabinet fin et rusé ; sa milice composée d'un grand nombre de volontaires, et ses richesses sont immenses. Elle tire des subsides de la poésie et de tous les arts, elle règle tout et fait enfin tout ce qu'elle veut sans aucun contrôle.

La pantomime s'est mise, par pluralité de suffrages, en possession de représenter ; son domaine est fort étendu, ses ministres bien exacts, ses arsénaux plus fournis, sa milice beaucoup plus disciplinée, et son cabinet aussi très-alerte, mais elle ne se soutient en crédit que par sa propre activité et par ses succès ; elle tire même de fortes contributions de la musique.

Au lieu donc du seul empire que tenait autrefois la poésie, voici maintenant trois puissances qui affectent entr'elles une entière indépendance, tâchent de se soutenir avec dignité de leurs propres fonds, et s'efforcent de briller à l'envi. Si, parmi nous, un génie puissant et conciliateur, se sent assez fort pour réunir, sous un seul domaine, ces trois états, dont chacun abonde de ce que l'autre manque, il rendra un grand service au public, et nous aurons alors l'opéra tel qu'il doit être.

Mais une entreprise si vaste et si difficile demanderait la constance d'un homme impartial qui, sans être aucunement artiste de profession, put allier le talent aux connaissances nécessaires pour savoir priser ces arts à leur juste valeur, et qui possédât l'adresse très-délicate et bien difficile de savoir aiguillonner et brider à propos les artistes exécuteurs, et leur faire, en quelque manière, renoncer à leurs propres intérêts, pour s'occuper seulement de ceux du spectacle.

S'il existe, dis-je, un homme capable d'une telle entreprise, prions-le de vouloir bien s'y adonner avec toutes ses facultés, et nous remonter le plus beau spectacle que l'esprit humain ait enfanté; mais si cet homme nous manque, laissons les choses telles qu'elles se trouvent.

Les arts ainsi divisés, sont plus libres, et leur rivalité même est bonne, puisqu'elle les excite à tout faire pour se surpasser l'un l'autre. De cette émulation, il résultera naturellement l'excellent effet que chacun déployera en entier ses propres forces. Tout se développera par ce combat, et le produit sera d'avoir toujours de la variété, du rafinement, et quelquefois de la perfection.

Aujourd'hui que la musique s'est érigée en art d'imitation absolue et indépendant, il serait bien difficile de vouloir la réduire et l'assujétir aux seuls besoins de la représentation. Trop fière de ses succès, elle veut dominer, et ne souffrirait pas d'être dirigée, se croyant toute puissante et libre. Ce serait donc une entreprise bien rude que celle de vouloir maintenant faire comprendre aux compositeurs de musique, que leur art ne peut contenir que le coloris du tableau, et que le dessin appartient exclusivement à la poésie. Lisez à ce propos les remarques du *Docteur James Beattie*, *Avison*, et *Boyer de l'expression musicale*.

Mais il est très-évident, et l'on devrait bien se persuader que la musique n'est en effet qu'un espèce de coloris secondaire, ou secondant, et que comme tout coloris qui n'est pas dirigé et circonscrit par un dessin, n'est que nuances, ou *Iris* plus ou moins agréables, selon les plus heureuses combinaisons ; mais jamais des images déterminées. Ainsi la mélodie des sons la plus artificieuse sans l'appui des indications déterminées des mots ou des gestes, ne reveillera en nous que des affections vagues, jamais des sentimens distincts ni des idées précises.

Rien de plus ingénieux certainement que ce que disait J. J. Rousseau dans son Dictionnaire de musique, à l'article imitation. Mais tout cela étant vrai, il est aussi incontestable que la création de ses *tableaux sonores*, reste encore presqu'entièrement à charge de l'imagination de l'auditeur, et dans cette commotion expansive de sentiment que l'auteur décrit si bien les spectateurs agités, mais non pas dirigés, se traceront chacun à leur manière, un fantôme différent, relativement à leurs dispositions particulières. En sorte que les mêmes émanations produiront des images différentes, selon les différentes dispositions de l'individu qui en est affecté. Ceci n'est pas ce me semble, l'art d'imiter, mais plutôt d'exciter puissamment, il

est vrai, mais vaguement les facultés de l'ima
gination.

D'ailleurs j'ignore quelle extravagance que je
nommerai volontiers luxe d'esprit, porte les peintres
à dédaigner l'imitation (*), et les musiciens à
vouloir à toute force imiter? Il me semble que le
seul amour de l'extraordinaire peut faire que l'on
se plaise aux imitations très-légères et très-im-
parfaites d'un art dont l'essence n'est que de plaire,
ou tout au plus de nous émouvoir, et que l'on
trouve bon, au contraire, que l'art d'imiter se
propose seulement des exagérations embellissantes.

Si c'est que l'on dédaigne les jouissances plus
réelles, purement à cause qu'elles sont plus com-
munes, et que l'on se contente par préférence

(*) Dans les hautes écoles de peinture on enseigne, que
l'exellence de l'art est l'expression du beau, et le chevalier
Rainolds ; président de l'académie de peinture à Londres,
voyant les Anglais fort enclins à imiter naïvement la nature,
leur a prêché cette maxime et recommandé un type idéal à
suivre et le sublime de l'art. Cela a fait que plusieurs peintres
qui excellaient d'après nature, se sont égarés d'après l'idéal.

du moindre effet, quand il est le résultat d'une plus grande difficulté ; voilà du luxe, et le même luxe, ce me semble, qui porte les ambitieux à priser les magots de la Chine, les productions, les mêts et les fruits rares, à cause seulement qu'il est plus difficile d'en avoir, et qu'ils sont plus coûteux.

Mais puisqu'aujourd'hui on aime à admirer les efforts que fait la musique pour peindre et imiter, et puisqu'on attache beaucoup d'ambition à pouvoir deviner le mot de ses énigmes : il est toujours bon de seconder ce goût innocent, et de procurer aux amateurs un spectacle à pouvoir les occuper et les amuser, en subtilisant à leur gré.

De semblables spectacles cependant ne peuvent contenter qu'un certain nombre de personnes ; celles seulement qui, par leur constitution naturelle, sont dans le cas de pouvoir y être affectées, ou qui ont su maîtriser leur sensibilité et rendre leurs goûts relatifs par une application particulière. Les hommes d'affaires, et les hommes en général, qui par les circonstances de leur état ou de leur éducation n'ont pas pu se former des goûts

d'institution, ni de plaisirs en système ; mais qui
sans aucun esprit de parti, ni d'opinion se livrent
naturellement à leur propre goût et à leur discernement ; ces hommes-ci aiment par préférence
les représentations illusoires, et toute exacte con-
trefaction du vrai.

L'adresse artificieuse qui nous montre les choses
là où nous savons qu'elles ne peuvent pas germer
de leur nature, et qui engage nos affections malgré
la certitude du mensonge, est toujours une surprise très - agréable, un plaisir fort pénétrant,
et commun à toutes les personnes bien organi-
sées, depuis l'enfant jusqu'au vieillard le plus
décrépit.

Mais ce plaisir de l'illusion, qui tout considéré,
est le plus remarquable qui résulte des spectacles
théâtrals, et qui est le plus généralement senti
et goûté, s'efface et se perd pour les clairvoyans,
si ce qu'on dit sur la scène ne s'accorde pas avec
ce qu'on y voit, ou si les convenances relatives
à l'accomplissement et à l'intégrité du sujet n'y
sont pas judicieusement observées.

Nous voici donc bien près de conclure, que c'est perdre beaucoup en fait de plaisir. que de négliger les apparences convenables dans les spectacles représentatifs.

———————

Si donc les poëtes ne comptent que sur de belles enfilades de mots ; si le luxe musical n'est pas plus compatible avec l'exactitude des représentations et l'exigeance des grandes actions ; et si d'ailleurs, la poésie et la musique se piquent de contenter chacune à part et de suppléer à tout de leurs propres fonds, à la bonne heure. Laissons-leur un champ libre, et qu'elles s'arrangent comme elles voudront. En qualité de spectateurs, nous admirerons leur savoir faire.

Vouloir persuader aux poëtes de se tenir un peu plus aux yeux et un peu moins aux oreilles, ce serait une entreprise trop difficile, et vouloir remettre la musique dans son premier état de subordination, et la contraindre, ce serait aller contre l'opinion dominante, et éluder le goût des amateurs. On se plaît aux beaux vers et à la belle déclamation ; et on veut aujourd'hui de la musique à toute épreuve, pourquoi ne la laisserait-on pas éprouver ?

Mais quoique de pareils spectacles de seule

beauté et de seule imitation auditive, soient ex-
cellens, il ne faut cependant pas perdre de vue
les grandes actions dramatiques ; les représentations exactes et complètes, ornées de toutes leurs
convenances visibles, c'est-à-dire, de *site*, de
costume et de *mouvement*, considérant que si les
hommes vont au théâtre avec des oreilles, ils y
vont aussi avec des yeux et des lunettes.

La tâche des ballets pantomimes est de représenter aux yeux. L'imitation de tout ce qui nous
affecte par le sens de la vue, et toute sorte de beau
visible est de son ressort. Dans ce genre de spectacle, l'action est dominante et libre, l'espace et
le mouvement lui sont essentiels, et les grands
faits, les grands évenemens et les grandes apparences lui conviennent mieux, se lient et font
corps plus naturellement que dans le spectacle
auditif. Rien n'y peut troubler l'ordre, ni la
marche ; si le compositeur sait distribuer dans
son plan avec discernement et goût, les ornemens de la danse.

A côté des spectacles auditifs, qu'il y en ait
donc toujours des visuels, et que l'art de faire

12.

voir et de faire écouter restent en émulation jusqu'à ce que des circonstances favorables viennent contribuer à la réunion de ces deux artifices, et les porter à faire cause commune, comme ils le devraient.

Les petites représentations dramatiques de *Camille ou le souterrain*, de *Raoul de Créqui*, de *Richard cœur-de-lion*, de *Renaud - d'Ast*, des *Petits Savoyards*, et autres de ce genre, où le site, les localités et l'action opèrent d'accord et disent bien plus que les paroles ; ces spectacles, dis-je, semblaient viser fortement à réunir et accorder ensemble les intérêts de la vue et de l'ouïe, et me faisaient espérer cette alliance prochaine.

La réussite des ballets pantomimes a éclairé aussi les auteurs italiens sur les convenances de la scène, et le goût des représentations s'est fortifié jusqu'à scruter un peu sur les invraisemblances de la musique et la reformer malgré son ascendant et les préjugés. Mais de semblables compositions ont malheureusement le désavantage de ne pas réussir à la lecture, ainsi on ne les imprime pas, et elles ne se répandent guères ; elles restent ordinairement au théâtre et à la troupe pour laquelle elles sont faites.

Il est même à craindre que la difficulté de l'exécution ne mette toujours obstacle aux convenances visibles de la scène. *Le beau d'exactitude* est fort délicat , et est absolument une des choses les plus difficiles à traiter sur la scène avec grâce ; et quoiqu'il semble le plus facile à imaginer , il faut beaucoup d'adresse pour l'ajuster à propos , et pour faire qu'il ne sente pas la pédanterie ; rien de plus insipide qu'un étalage d'exactitude affectée sans esprit et qui n'amène à rien. C'est absolument un des écueils le plus redoutable de cette navigation d'ailleurs si orageuse.

Les spectacles d'actions sont plus dépendans des localités de la scène et demandent un service exact d'apparences. Le *site* précède l'action , l'annonce et influe beaucoup sur la vraisemblance et sur l'effet de la représentation. Les sites doivent donc être judicieusement préparés pour recevoir, seconder et répandre de la clarté et du naturel sur les faits et sur les événemens représentés. Le site peut bien être indifférent pour dialoguer simplement ; mais pour agir il faut un *champ* convenable à l'action et même favorable à la représentation par le caractère et l'expression de son *aspect*, ou, si vous voulez, de sa physionomie, ainsi que par le beau analogue qu'il peut répandre sur la scène. En ce cas, l'artifice de la décoration joue un rôle qui peut devenir fort intéressant.

Mais la manœuvre de ce genre d'artifices, est toujours difficile et ordinairement fort coûteuse. Elle demande indispensablement une troupe d'ouvriers habiles et exercés, et un local favorable au machinisme. Ce qui tient beaucoup à la construction du théâtre et doit être préparé de loin ; car il serait impossible quelquefois de remédier sur-le-champ à l'inconvénient du local, ou au défaut d'expérience et d'adresse dans les ouvriers; et quand il arrive que les spectacles d'action se trouvent mal situés, ils manquent d'une des premières convenances et s'en ressentent beaucoup. Bien souvent, à circonstances d'ailleurs entièrement égales, les spectacles changent d'effet en changeant seulement de théâtre.

Effectivement, j'eus occasion de voir représenter

les pièces ingénieuses ci-dessus énoncées sur différens théâtres de l'Europe, tantôt avec un intérêt
enchanteur, quand la précision *significative* des
apparences les secondaient, et tantôt je les ai vues
faire un effet pitoyable, quand par mal-adresse ou
par nécessité de circonstances, elles étaient mal
servies et mal secondées.

Dans la pièce de *Camille*, tout le pathétique
vient de la tristesse du château, et la situation
de Camille ne serait pas si attendrissante, sans l'horreur qu'inspire l'aspect du souterrain où elle est
enfermée. C'est la nuit, le mauvais temps et la
neige qui rendent la situation de Renaud d'Ast si
touchante, et tout ceci ne peut être sensiblement
rendu que par l'aspect de la décoration. Il est
d'ailleurs très-aisé de concevoir combien le *site*
influe et opère dans les pièces de *Raoul*, de *Richard* et des *petits Savoyards*.

J'ai vu en Italie, et particulièrement sur le
grand théâtre de Milan, des représentations surprenantes, tirées des œuvres du célèbre poëte *Sha-
kespear* et du comte *Gozi*, mises en pantomime
par des habiles compositeurs de ballets, qui m'ont

fait pardonner au poëte anglais et à l'italien leur goût pour les impossibles, et toutes les bizarreries de leur imagination. L'adresse pratiquée dans les apparences, l'éclat, la pompe, la surprise et l'exactitude avec laquelle le tout s'exécutait, mettaient tant d'intérêt, ou si vous voulez, causaient un tel éblouissement, qu'il n'était pas possible de faire attention aux inconvéniens qui sont si remarquables à la lecture de leurs pièces originales.

Ainsi, à force d'art, j'ai vu disparaître toutes les impertinences de plusieurs pièces assez monstrueuses, et *Magbet*, *Hamlet*, *il Moro di corpo bianco*, *il Corvo*, *l'Amor delle tres mellarance*, devenir des spectacles très-intéressans, même abstraction faite de la magnificence dont ils étaient accompagnés.

L'Italie est de tous les pays du monde celui où l'on est le plus riche en théâtres. Les grandes villes en ont trois, quatre et jusqu'à huit, et il s'y en trouve au moins un dans toutes les bourgades tant soit peu considérables. Lors donc qu'un spectacle réussit dans une ville principale, il fait régulièrement de ville en ville le tour de tous les théâtres de l'Italie et des environs. Ainsi l'amateur qui voyage , comme il y en a beaucoup qui voyagent exprès , peut remarquer les différens résultats du même sujet par les différentes circonstances qui l'accompagnent.

La même chose qui vous aura ravi dans un théâtre , vous ennuyera dans l'autre. Ici c'est un appareil réglé , imposant , illusoire , là , un fatras désordonné , impertinent , ridicule , etc. Cette différence est toujours essentiellement plus sensible dans les spectacles d'action ; et particulièrement dans les ballets pantomimes.

On ne s'avise presque jamais de réfléchir que certains spectacles ont réussi seulement en faveur des circonstances locales de tel théâtre ; circonstances souvent décisives , mais que la rénommée n'a pas pris soin de publier , et que l'on ne prend pas en considération par ignorance. On veut nonobstant cela , avoir partout le même spectacle , malgré la différence du *local* et des *moyens* , et l'on veut que l'idée et le sujet se plient et s'adaptent aux circonstances du théâtre et de l'entrepreneur. C'est de-là que les grandes sottises et les plus grandes impertinences de costume , de décoration , et de toute autre convenance tirent leur origine.

Pour les habillemens, comme ils tiennent de plus près à la personne , les auteurs sont plus particulièrement intéressés ; et comme ils sont en même temps d'une exécution plus facile , et que tout le monde s'y connaît mieux ; on y trouve dès lors ordinairement , assez de convenances et même de beauté.

Mais c'est dans l'attirail de la décoration et dans les convenances visibles de la scène que réside l'entrepôt de toutes les fatuités impertinentes et ridicules. C'est-là où l'on voit le cabinet plus grand que la place publique , les bâtimens modernes dans un sujet antique , les châteaux et les flottes , ou les hommes sont plus grands que les murailles et les navires ; les armées et les évolutions militaires contraintes dans un petit espace , les marches qui se heurtent en tournant , les chars de triomphes qui ne peuvent bouger , les tempêtes , les orages composées de toiles déchirées ; les divinités suspendues à des cordes visibles qui balancent , ou sont tirées par secousses , et qui descendent ou montent

entourées de carton découpé et mal barbouillé en
nuages ; les gueux enfin mal déguisés en amours ,
en génies , en nymphes , en archers , en ours , en
diables , etc. etc.

Tout ceci ennuie extrêmement et fait pitié. Les
gens de bons sens qui n'ont pas eu occasion de
voir ces sortes de représentations là où elles
peuvent réussir , croient que c'est un genre de
spectacle défectueux en lui-même et monstrueux;
qu'il est impossible de faire mieux et se moquent
de ce qu'on leur fait voir. Ils restent avec raison
dégoûtés de ce scandale , crient et déclament
contre ces tentatives , et par-là ils intimident les
auteurs et les compositeurs théâtrals qui aiment
leur réputation , les portant à penser que c'est
contre la sagesse de se rompre la tête à imaginer
des choses si sujettes aux circonstances locales et
d'exécution , qui par conséquent ne peuvent réussir
que dans très-peu de théâtres , et qui deviennent
fades , ridicules . insupportables quand elles sont
mal représentées, et qui d'ailleurs n'ayant d'autres
ressources que de réussir sur la scène , ne peuvent
pas satisfaire à la lecture.

13 *

Pour s'assurer donc la jouissance des spectacles visibles et pièces d'action que nous avons déjà, et pour ne pas décourager les auteurs d'en imaginer de nouvelles, il est de toute importance d'avoir un local favorable à l'étalage des apparences et l'optique devrait aussi bien que l'accoustique commander la construction des théâtres et en surveiller le service. En aucune autre circonstance, le *contenant* n'a pas une plus grande obligation d'être en rapport avec le *contenu*, que pour les spectacles auditivo-visuels de la scène.

Mais un simple observateur peut seulement remarquer les défauts et entrevoir les moyens d'y remédier et de réussir; c'est aux artistes de s'y appliquer et d'imaginer ce qui pourrait être favorable à l'illusion de la scène et aux convenances locales de différens genres de représentation et des spectacles théâtrals.

Quant à moi, traducteur et décorateur théâtral, d'après mes observations, ma pratique et appuyé du sentiment de mes confrères, je ne puis qu'applaudir à la sagacité de l'auteur anglais, dont je viens de rendre les pensées ; j'y ajouterai seulement que l'homme qui se charge de donner des spectacles, devrait avoir pour son local la même attention que le musicien doit avoir pour le choix de l'instrument sur lequel il doit opérer et sur lequel il doit conformer son sujet, et dont la bonté ajoute naturellement à l'adresse de l'artiste. Les relations du contenant au contenu sont si immédiates pour les spectacles du théâtre, et les rapports en sont si mutuels, que ce serait en détruire tout l'effet, que d'en négliger les convenances et l'accord.

Un théâtre vaste serait absolument contraire aux intérêts des spectacles simplement auditifs et de seule déclamation, et un théâtre resséré contre l'exigeance et très-incommode à l'attirail des spectacles d'action , d'apparence et aux fêtes théâtrales. Jamais donc un grand spectacle dans un petit local, ni un petit spectacle perdu , pour ainsi dire, dans un vaste local, le vide est triste de sa nature , et ne convient aucunement aux fêtes. Si Platon eût été entrepreneur de spectacles , il aurait à bien plus grande raison eu le vide en horreur. Mais puisque, selon mon auteur anglais , tout ceci s'explique assez clairement par le sens-commun dont il est le champion , et que j'y tiens aussi beaucoup, j'ai cru cette affaire un peu de mon ressort, et comme elle est encore de mon goût , je n'ai pu m'empêcher d'y ajouter aussi mon mot. *Tractant fabrilia fabri.* (✱)

FIN.